江戸の人になってみる

岸本葉子

晶文社

装画　いぬんこ
装幀　佐々木暁

もくじ

はじめに

江戸時代に私がなんとなくひかれたのは、『武玉川《むたまがわ》』を読んでです。『武玉川』は江戸時代中頃の句集。五七五もあれば七七もある。収められた句の数はたいへん多く、私も全部に目を通したわけではなくてほんの斜め読み。でも斜め読みの中でも、ふと目を止めほっとなごめる句があるのです。

夕ぐれやさくらに沈む人の聲《こえ》

お江戸の春。満開の桜。夕ぐれどきにはふんわりとした白さで空をおおう。その下に聞こえているのは、花見の人の話し声か、あるいはふつうの暮らしのざわめきか。機知に富んだ句というわけでもないけれど、季節のこんな感じ方が、当時の人にもあったのかと不思議と胸に残りました。日本史の授業で習った、笑いの中に毒の効いた川柳とはまた違う、脱力系の味わい。

こんな句もあります。

丈《せ》ィくらべ手を和らかに提《さげ》て居《いる》

柱の傷はおととしの、という歌がおのずと浮かんでくるような。生真面目にまっすぐ立って、素直に背丈を測られている子どものようす。その描写には、こまやかな観察眼と子どもへの愛情が感じられる。

娘の願ひ公家を見たがる

江戸に住んでいるとお公家さんを見る機会はないでしょう。話に聞くだけ。ほんものを一度見てみたいという、しょうもない願いを口にする。そんなはつらつとした無邪気さが、この娘には許されているのです。

御《お》組《くみ》屋《や》敷《しき》の犬に通り名

誰に飼われているわけでもないのに、犬に呼び名が自然とついている。

いずれも小さきものへの優しい視線が感じられて、過密都市ながら江戸は心にゆとりのあった町ではと思わせます。

『逝きし世の面影』(渡辺京二著、平凡社ライブラリー)という本を読んで、その印象を強くしました。幕末明治初期に日本を訪れた外国人の見聞記をまとめたもので、往来を子どもたちが遊びまわり犬が戯れ、人々が自然と調和しながらのびのびと機嫌よく暮らしている、田園都市江戸の姿が描かれていたのです。

こんなところへ行ってみたい。

むろん、人の生きている社会だからユートピアではあり得ません。現代の感覚からすると受け入れ難いこともあるだろうし、そうでなくても文明の利器にスポイルされきっている私、ずっとそっちにいろと言われるとつらいものがある。一日、せめて半日、江戸に紛れ込むことができたら!

かなり都合のいい願望ですが、折々の行事をとっかかりにすれば実現に近づけるかも。前作『東京花散歩』で江戸時代からの花の名所を訪ねたとき、虫聴きとか枯れ野の観賞なんて行事もあったと知り、花ばかりでなくそんなものも当時の人は愛でていたのかと印象的でした。彼らの楽しみ方を追体験することで、江戸の感じを味わえるのでは。

江戸の年中行事を記した本が多々ある中、『絵本江戸風俗往来』(菊池貴一郎著、鈴木棠三編、平凡社東洋文庫）にひかれました。著者の幼年時代の江戸のようすを、年中行事を中心に月ごとに記したもので、文献のまとめではなく著者が見聞きしたことがらだから親しみやすい。著者の幼年時代とは、「嘉永以後より慶応の初め」。すなわち幕末、『逝きし世の面影』に描かれた世界と重なるし。

江戸に詳しい者ではない私ですが、この本を片手に「江戸の人ってこんなふう？」と想像しながら歩いてみよう。行事の中にはなじみのないもの、昔とはようすの変わっているものもあるだろうけど、そこは歳時記で調べて補って。

歳時記は俳句で用いる季語を集めた本ですが、とても便利。季語の説明が載っていて、さながら年中行事の事典です。春夏秋冬と新年の全五巻。このところ俳句に親しんでいる私は、持ち歩き用の文庫版と家で使う分厚い本との二つ揃えてあるけれど、こんなところで出番が来るとは。人間いつ何が役にたつかわからない。

この本は大きく二つのパートから成っています。

第一部は江戸の一年。行事を訪ねた散歩エッセイと、そこで作った句を一句。その行事をめぐる江戸の人の句も付けています。当時のようすが、よりありありと思い浮かべられるかと。

第二部は江戸の一日。朝起きてから寝るまでを、長屋の住人になりきって過ごします。当時の人の残した五七五をとっかかりに、想像の翼をめいっぱいはばたかせて。勢い余って変な方向へ飛んでいかないか危なっかしくもありますが、どうかいっしょに江戸の気分を味わっていただければ幸いです。

一 お江戸の一年

一　浅草寺の花祭

【花祭】四月八日に釈迦《しゃか》の生誕を祝う法会《ほうえ》をいいます。寺院の境内に花御堂《はなみどう》を置いて、誕生仏を祀り、参拝者は水盤から甘茶を柄杓ですくってかける。灌仏会《かんぶつえ》、仏生会とも。花御堂、甘茶、甘茶以前に用いられた五香水も、俳句の季語。

この頃の江戸：衣替　時鳥　苗売　初鰹　藤

春爛漫の隅田川

現代の私たちには、四月といえば新年度のはじまり。桜散る校庭のへりを行く一年生の大きなランドセルが目につく頃。『絵本江戸風俗往来』における四月はいかにとひもとけば、「灌仏」に多くの紙幅を割いている。

身近な『俳句歳時記』(角川文庫)で「灌仏」を引いてみる。灌仏会、仏生会、花祭。釈迦の誕生日といわれる日にちなみ新暦四月八日に各寺院で行われる仏事。「境内に花御堂というろいろな花で飾った小堂をしつらえ、水盤に誕生仏を安置し、参拝者が甘茶(五香水)を灌ぐようになっている」との説明。

花祭は私も幼き日に行った記憶がかすかにある。住んでいた鎌倉のお寺で。

この春は東京で行ってみよう。江戸時代に花祭で賑わい今なお盛況といわれるお寺の中でも、庶民の信仰篤き浅草寺へ。

四月八日昼前の、地下鉄銀座線浅草行きはたいへんな混雑。今年の東京の桜は遅く、この日満開となった。しかも日曜。上野でたくさん降りるかと思いきや、そうでもなく、浅草駅のホームも人で溢れ、改札までなかなか進めない。地上に出れば、すぐ左手に朱塗りの橋。空が明るく開けている。

東京の西側に住んでいる私は位置関係の実感がないが、こんなに隅田川べりなのか。そう言えば浅草寺のご本尊である観音様も、隅田川で漁師の投網にかかった（と言い伝えられている）ものなのだった。江戸時代をはるか昔にさかのぼる、推古天皇の御代のこと。

墨堤に花見に行く人と、右手の浅草寺へ行く人と、二手に分かれる。

雷門の前では、カメラを持った人々の「すみません、シャッター押してもらえますか」「はい、すみません、僕らも後でお願いします」のやりとりも耳に心地よい。門の左には象の形をした白い看板が出ていて、四月八日は花祭であることと「当日は本堂前にて無料の甘茶接待などがございます」と書かれている。これは楽しみ。

仲見世には造花の桜が銀の短冊とともに、風に吹かれてきらめいている。あでやかな和服のお嬢さんの列、このかたがたが甘茶の接待係かと思いきや、トイレを待ち並んでいるのでした。混雑を覚悟しなければ。

信仰と遊興と

伝法院通りと交わるところへ近づけば、左手に見えてくる、満開の桜の後ろに朱塗りの梁と甍が美しい五重塔、その奥に花やしき遊園地の急降下する乗り物。人々の歓声が聞こえてきそう。絵はがきにしたいような、春爛漫の図柄である。

花やしきの開園はなんと江戸時代の嘉永六（一八五三）年。当時は花や菊人形を愛でるのが主で、遊具はブランコだけだったとか。

歳時記では、ブランコは春の季語。そんなに昔からあるものなの？　と俳句をはじめたとき驚いたが、

ふらんどや桜の花をもちながら　一茶

なる句も歳時記にはたしかに載っている。ふらんどはブランコの別の言い方。中国や朝鮮半島でも女性の乗り物であったというブランコ、幕末の女性も着物の裾のひるがえるのを気にしつつ、うれし恥ずかしの面持ちでこいだのでしょうか。あれはなんとも高揚感と開放感のある乗り物だし。少しずつ空に上がっていく感じが。こぎ方もしだいに大胆になって。

右手には、高々と掲げられた提灯と、その向こうに先頃落成した東京スカイツリーが天を突いてそびえている。こういう図柄になるわけか。江戸と平成とが重なる、新名所にな

ること間違いなし。人出には、このタワーも一役買っていそう。

正面には、平成の大改修の済んだ本堂。屋根の下には「花まつり　仏生会」と書かれた桜色の横幕がある。

それにしてもこの混雑。仲見世通りは前後左右人でいっぱい、遅々とした歩み。さながら初詣のよう。本堂との間にある宝蔵門にもまだ到達しないのに、もしかしてこれはすでに甘茶をかける人の列なのか。甘茶をかけるまでずっとこの状態で進んでいくのか。私は子どもの頃以来だが、花祭とはこんなに人が詰めかけるものだったとは。

遠くで太鼓が響いている。

音のする方を見やれば、はるか前方、人々の頭上に何やら揺れている。五色の旗を下げた金色の屋根と、金色の房のようなものを垂らした赤い傘。ゆらゆらと漂うように、少しずつ前へ動いている。花御堂と、お坊さんの列？

と思ったら、少し先のひとところに人が集まっている。参道の中ほど、人々がよく煙を招き寄せては自分にかけている香炉に到達しないうち。

近づいてみれば、これが花御堂。さっきの動いている屋根とは違った。こちらは金色の方形をした屋根に赤、橙《だいだい》、黄、ピンク、色とりどりの造花が盛り上げられ、人々がとり囲んでいる。

潅仏会の賑わい

人垣に加われば、その下に背丈は子どもの肘から指先までくらいの、鋳物でできた黒い仏像があり、くびれの少ない、なんとも愛らしき幼児体型。幼児体型なのは当然、生まれたてなのだから。右手で天を左手で地を指す、おなじみ「天上天下唯我独尊《てんじょうてんがゆいがどくそん》」のポーズをとっている。

四方八方から人々の手が出て、ひっきりなしに甘茶をかける。いくら鋳物でも流れで削られやしないかと思うくらい。もともとの甘茶の色か、底の色を透かしてか、足もとにゆらめく水は金色で、屋根を支える四本の柱の金色がそれに映り、まばゆい光の中に立つがごとし。

杓は竹製と、銀色をした金属製のものとが交じっている。神社で手や口を清めるときの杓より、もっと小さい。

斜め前の人が横の人へ、銀色の杓を譲った。見ていると、これほどの人がひしめいていながら、誰かが置いた杓をわれがちに取るのではない。順繰りに渡されていく。

目の前の背中が消えて、杓が差し出される。握ったそれは力が余ってしまうくらい軽く、細かった。その頼りなさに、「誕生」を感じる。悟りによって仏様になったけれど、生まれたときは小さかった。生まれてすぐ「天上天下唯我独尊」と言ったのは人間離れしているとはいえ、もとはこんなに小さくて危うげな命だったのだ。

人だかりを抜け出てくると、つま先立って覗き見ていたカップルが言った。

「何があるの」

「水かけ地蔵だ」

えっ、それって少々違うのでは。

そもそもなぜに甘茶をかけるのか。甘茶って何物？　かけることでどんなご利益が？

謎はあとで解くとして、先へ進もう。おなじみ香炉の煙を頭にかける。

階段を上って本堂へ入れば、大法要のまっただ中。紫の衣の僧、黄色の衣の僧二人が、お賽銭箱の向こうで読経をしている。正面奥には絵が掛けられ、暗さと遠さで見にくいが、寝殿造りのような建物で、たなびく雲や飛天の姿も、お釈迦様誕生のシーンを描いた仏誕図ということだ。

本堂内にも花御堂があり、こちらは生花が載っている。オレンジ、白、黄、赤、ピンク。柱にも生花が飾られて、間から覗けば、わあ、小さい。こちらのお釈迦様は、参道の花御堂のよりさらに小さく、掌を立てたくらい、お腹の線もやわらかく、より幼児体型だ。甘茶の光のゆらめきで、ときに銀色、ときに金色。

甘茶をかけ終わった杓を次の人が取るまで、譲り合う一瞬がある。そうでしょう、こんな小さな仏様を前にしては、争う気も失せるというもの。誰もの中にある仏性を引き出すための行事なのかもしれない。

お稚児さんの列

階段を降り外へ出ると、お稚児さんの列が通っていくところ。烏帽子《えぼし》に袴《はかま》を着け、鼻筋に白い線、唇に紅を施すお化粧をして。白鷺の舞の装束、楽士さん、お囃子を乗せた車を先導する。さきほど遠くに見た赤い傘と金色の屋根は、この一団だった。白鷺の舞は、昭和三十四（一九五九）年に東京百年を記念してはじめられたといいます。

子どもたちは、なかなかに活躍。午前十時法要のはじまりには、浅草寺幼稚園の子どもたちの行列が花御堂を乗せた白象（の象）を引いて登場するという。『絵本江戸風俗往来』でも、花祭では子どもたちに関する記述が多い。著者の幼児期の思い出を綴ったためもあるでしょうが。この日は朝から「児童」（と著者は書く）は早起きし、甘茶をいただくのを楽しみにしている。花御堂の周りには「児童は甘茶戴かんと小手桶を携えては幾度という数限らず、昼過ぎまで引きも切らず」。いい光景です。小さなお釈迦様のそばに、小さな子がわいわい集まって。幾度と制限せず、許して見守っている大人たちの視線も背後に感じる。

白象云々の記述は同書にはないが、門前ではこの日葭《あし》の芽ざしとペンペン草が売られ、葭の方は「児童笛にする」と。

子どもたちがハッスルするのは、赤ん坊だったお釈迦様のための祭りだからか、他の年中行事でも同様か、それは今後の探訪に任せましょう。

雷門に案内が出ていた、甘茶の接待は？　見回せば、本堂を背に参道を戻り、宝蔵門の少し手前にズック布のテントが張られ、その下で配っていた。ボランティアと思われるエプロンがけの人が、小さな紙コップに大きなやかんで次々と注いでいる。お盆に並べて差し出されたそれを、「いただきます」。ジャスミンティーのような半透明の金色。香りのみならず味も、ほんとうに甘い。羅漢果のど飴を思わせる甘さ。甘みの後に、漢方薬のような清涼感ある苦みが少し残り、舌に含んで後味を追っていると、子どもの頃鎌倉の寺で飲んだ記憶がよみがえった。

江戸の子どもたちが大よろこびして何杯でも飲みたがったわけがわかる。甘いお菓子やお菓子を、今ほどしょっちゅう口にしなかっただろうし。

「これ何、紅茶？」

「甘茶っていう植物。砂糖入ってないのよ、天然の甘み」

配る係の年配婦人は、十ccほどの甘茶を私が飲む間にも、幾度も人に同じ質問をされては答えていた。

五香水から甘茶へ

後で牧野富太郎の植物図鑑を引いたら、コアマチャの名で載っていた。ユキノシタ科アジサイ属の一種で、見た目はヤマアジサイそっくり。名前の似ている甘茶蔓はウリ科で、まったくの別物。

他の本も併せて調べれば、葉を摘んでいったん干してから、水を吹きつけむしろをかけて圧し発酵させた後、むしろに広げ揉んで再び乾燥させる。砂糖の数百倍の甘さを持ち、カロリーはゼロ。甘茶の他、糖尿病の人の甘味料として用いられている。

漢方薬のようとさきほど書いたが、中国では使われず、江戸時代に日本で作り出された、比較的新しい民間薬。研究の歴史が短いためだろう、『大和本草』にも薬効は、甘味の他、健康に益あり、くらいしか書かれていないとのこと。

比較的新しいなら、その前はどうしていた？　灌仏会は推古天皇のとき、盂蘭盆会《うらぼんえ》とともに行われたと『日本書紀』にあるのが、いちばん古い記述らしい。推古天皇。ちょうど浅草寺のご本尊が隅田川ですくい上げられたとされる頃です。

もとは中国にならい五種の香水をかけていたのが、江戸時代からこの甘茶に。お釈迦様が生まれたとき、天より花々が舞い降りる中、龍が濯いだ甘露の産湯にみたてたと、配られた刷り物（後述）にはありました。『俳句歳時記』の説明で「甘茶（五香水）」となっていたわけを、ようやく知る。

人びとは次々と小さな仏の像に甘茶をかけている（『東都歳時記』国立国会図書館蔵）

『絵本江戸風俗往来』によれば、家々ではこの甘茶を虫よけにしたという。甘茶をいただいて帰り墨にすり流し、「五大力三菩薩」と書いて衣類の櫃《ひつ》に入れれば虫に食われるのを防げる、また「千早《ちは》や振る卯月八日は吉日よ、かみさけ虫をせいばいぞする」と書いて柱に貼れば毒虫の害を防げるとして、家々みなこれを行ったと。門前で子どもの笛にする葭とともに売っていたという俗称ペンペン草すなわち薺《なずな》も、やはり虫よけ。行灯《あんどん》に吊り、また雪隠《せっちん》の隅に吊したとのこと。ここまで来るとお釈迦様の誕生と関係あるとは考えにくい。単なるおまじない？　甘茶には、防虫効果はないのである。

虫よけについては、『東都歳時記』に興味深い記述がある。『絵本江戸風俗往来』の著者も参考にした、江戸の年中行事総覧ともいうべき本。天保九（一八三八）年江戸で刊行されている。そちらの四月八日には灌仏会をはじめ各寺院の行事があまた列挙されているが、最後に一行変わった記述が。「北見村齋藤伊右衛門蛇よけの守を出す」。お寺でも何でもない、個人名が突然。

これには長い注がついていて、北見村の農家斎藤伊右衛門という家に伝わるお守りで、四月八日一日しか売り出さず、しかも一人一個限定なので、求める人が「暁天より集い来りて群衆をなす」。蛇の出そうなところへこれを貼っておけば出ない。蛇のたくさんいそうな草むらへ入るとき「伊右衛門伊右衛門」と唱えながら行けば、嚙まれなくてすむとか、厠《かわや》にも「伊右衛門」と書いた紙を張っておけば、蛇を避けられるとか書かれている。こうなると、完全におまじない。

なぜに蛇？　と思う人もいるだろうけど、わからなくはない。今の人には信じられないだろうが、昭和三十六（一九六一）年に生まれた私の鎌倉の家でも、蛇は出た。庭には青大将がしょっちゅういたし、ご飯の最中、頭上で突然どたどたどたっと騒々しい音がして、親によれば天井裏を蛇が這っていったのだった。寝ているとき布団の上に落ちてきた話も、近所で聞いた。ムカデや蜘蛛に家の中で刺された例は、枚挙に暇がない。布団を敷いた部屋で、卵のかたまりを抱えた蜘蛛が壁に現れ、文字どおり蜘蛛の子を散らし大騒ぎになったことも。灯りにひかれ、蛾が舞い込むのもしょっちゅう。山荘ではない。徒歩十分圏内にフルーツパーラーや映画館まである、町中の家だ。

虫よけのおまじない

蛇だけではない。虫も多かった。雪隠に虫よけとしてペンペン草を吊したというのも、「潔癖な現代人ならまだしも、江戸時代で蠅をおそれるとは軟弱な」と思う人はいるかもしれない。が、汲み取り式の夏場の蠅のすごさといったら、半端ではないのだ。戸を開けると暑さの中、ぶんぶんと何匹もがわがもの顔に飛び回っているのは、出るものも出なくなるほど気が萎えるし、便器の下からも後から後からわいてきて、跨ぐのがこわくなるほどだ。うちではあるときから蛆殺しという刺激臭のものを撒いたが、今度はその匂いで卒倒しそうだった。居室の方へ来ないよう戸の開け閉てにも注意し、食べ物に蠅が止まらないよう、ざるを伏せておいたり手で追い払ったりの努力も、涙ぐましいものがあった。どんな菌を持っているかわからないのだ。

江戸時代はそんなに強い殺虫剤はなかっただろうし、虫の媒介する病気もずっと多かったはず。そしてひとたび感染すれば、それを治す即効性のある薬も、これまたないのだ。蝮《まむし》の毒だって、命取りになる。おまじないをしてでも、よけたいだろう。

そして四月は、夏場に向かい虫が多くなる時期。旧暦ならばいよいよだ。この時期の大きな行事に、虫よけの「御利益」を持たせたくなるのもうなずける。

虫よけの薺は今は売られておらず、代わりに生花が配られていた。浅草寺のラベルのある透明シートにくるまれた蘭の花。甘露の産湯にみたてて甘茶を、とさきほど書いた記述は、このラベルにある説明に拠った。

仲見世や奥山では

鼻を近づければ甘い蘭の香りが……と言いたいが、どこからかソース焼きそばの匂いがする。『絵本江戸風俗往来』によるとこの日諸寺院の本堂周りには「縁日の諸商人露店を張りて賑わしく、場所によりては立錐《りっすい》の余地なきまでの繁盛なり」。江戸の人はこれも目当てだったと思います。

わけても浅草寺は、お店が充実。仲見世は早くも十七世紀、付近に住む者に境内の掃除を課す代わり、小屋掛けの店を出すのを許可したのにはじまり、本堂を挟んで隅田川と反対側の「奥山」と呼ばれる一帯は、十八世紀から見世物小屋や大道芸が並び、手品、曲独楽、辻講釈、居合い抜きの技の披露で参拝客をわかせていたという。江戸の昔から一大娯楽センターだったのだ。

奥山ではちょうど期間限定で、かつての町並みが再現されていた。板葺きに土壁を模した簡素な造りの店が連なり、歌舞伎グッズや組み紐、扇子、張り子人形、千代紙を売っている。甘味茶屋や天麩羅茶屋も。

私もここで小腹を満たし、買い物でもしていくとしよう。

手渡され甘茶の杓のかろきこと　葉子

二三文銭もけしきや花御堂　一茶

誕生の時こそ見たれ釈迦の指　不角

五香水仏の臍をみつけたり　麦光

二　身近な富士詣

【富士詣】富士山の山開きは六月朔日《ついたち》。それに合わせて五月末に水垢離《みずごり》で身を清めたり、白装束に身を固めたりして出立します。富士行者、富士講、浅間講、江戸浅間祭も季語。富士塚は俳句の季語とはなっていないようです。

この頃の江戸：梅雨　川開　蛍狩　氷の朔日　氷餅を祝ふ

川開はもともと慰霊祭

風薫る爽やかな季節となりました。時候の挨拶にはそう書くけれど、江戸時代の五月は爽やかとはいかないようす。例にならって『絵本江戸風俗往来』をひもとけば、五月五日の端午の節句に柏餅を食べているのは今と同じでも、「この節霖《りんう》雨中にて晴天少なく」となかなかうっとうしそう。霖雨とは幾日も降り続く雨のこと。

梅雨も五月の章に書いてあり、洗濯物を干せばまた降り出し、傘の乾くことがないと、今の私たちの六月の生活実感に近い。

そして五月二十八日が両国の川開き。この日から三ヶ月間が大川での納涼シーズンと決まっていて、納涼船も付近の夜店の営業も期間限定だった。

期間限定となると、解禁日を待ちわびるのが、人の心の常。同書によれば、船宿の船は数日前までにみな売りきれ。当日はまだ暮れきらぬうちから川面を船が埋め尽くし、向こう岸へ歩いて渡れそうなほどだったと。「両岸の点燈星の如く、三味線・笛・太鼓の音、雷の如くなる中に、煙花《はなび》一発するや、玉や、鍵屋の声は、山の崩るるに同じ」と対句までおりまぜ活写しています。これぞ日本の夏というべき風景。蚊取り線香のコマーシャルになりそう。

それにしても五月二十八日とは中途半端。いっそ六月一日にすればと思うが、この日なのには由来があって、かの吉宗将軍が享保十八（一七三三）年のこの日に両国で花火を上げた。日本最古の花火大会とされる。

前年は飢饉と流行り病とで多くの命が失われた。その霊を慰めるためという。吉宗といえば、前作『東京花散歩』の散歩のとき花見の名所を作った人と知りました。飛鳥山に桜を植えて、一大レジャーランドを創出。庶民に不満やストレスがたまり暴発するのを回避する、いわゆるガス抜きを図ったとされる。

この川開き、江戸の人には五月の最大イベントだったようですが、新暦だとさすがにまだ納涼という雰囲気ではなく、花火大会も七月末に行われる。

新暦と旧暦の違いを感じさせられる五月。江戸の気分を味わうとしたら何だろう。

富士詣の出立

『絵本江戸風俗往来』の五月の章にあるその他のイベントで大きく取り上げられているのが富士講中の出立《しゅったつ》。富士講中というものが江戸には数十あって、ひとつの講は五十人から百余人。講ごとに先達《せんだつ》を務める行者や世話人などが必ずおり「これ皆家業ある一戸の主人、業の暇《いとま》に信心のため講中の世話をなすものにして、己《おのれ》が利益は計らざるのみならず、稼ぎし利分を講中へ注ぎこみて尽力するを、一方より見る時は信心道楽などと評さるる」と夫婦喧嘩の声が聞こえてきそうなことが書いてある。

白の手甲、脚絆《きゃはん》に草鞋《わらじ》履き、講の印の菅笠を被り、肩からかけた鈴を鳴らし金剛杖をついて。町を歩く姿は、かなり目立ったことでしょう。

講の全員で登るわけではない。三人から七人くらいが代表で。そうでしょう、今と違って富士の麓にたどり着くまでも日数を要し、その間仕事は休まねばならず、旅費もかかる。何よりも体力の問題がある。今と違って誰でも登れるような山ではなかったはず。女人は禁制であったろうし。

お金は講の皆が積み立てた中から出したそうです。

出立前に行事があった。五月末より講の有志の家に集まり、祈禱をする。先達をはじめ信心堅固なる人が沐浴《もくよく》して行衣をまとい、神壇に向かい鈴を打ち振りながら御詠歌を唄うという。この祈禱、家内の穢れを除くようでありがたく感じたと、筆者は書いているけれど、集まられる家の女性にしたら内心「なんでうちで？」と思わなかったか。信心の薄い現代人の感覚でしょうか。

散歩に携えていく文庫版『俳句歳時記』では、富士詣は季語になっていた。この説明は全体像をわかりやすく示して、とても役立つ。「富士山に登り、山頂の富士山本宮浅間大社奥宮に参ること。通常、七月一日の山開きから行われる。参詣者は白衣をつけ、金剛杖を携え、『六根清浄お山は晴天』と唱和しながら山を登る」。「浅間」には「せんげん」と振り仮名してある親切さ。この場合、あさまと読んではいけません。

「七月一日」というのは新暦になってからの話。江戸では六月一日と思って下さい。『絵本江戸風俗往来』の本に戻ると、富士講の代表者が駿河へ向けて出立した五月から明けて六月一日の江戸では、「山開とて、深川八幡宮社内の富士、駒込の富士、さては浅草富士横町の富士大菩薩、その外富士浅間を祭れる諸社内・寺内等の群衆夥し」とある。川開きだけでなく山開きも、江戸で祝われていたとは知らなかった。

町なかの山開

同書の注によると、富士詣では江戸庶民の最大の信仰行事のひとつだが、実際に富士山に登る人はむしろ少なく、大多数は江戸の富士神社や諸社寺境内に設けられた箱庭式の富士山に登ったという。

思い出す。前に品川神社に行ったとき、富士塚のあったのを。富士塚という言葉は『絵本江戸風俗往来』には出てこないが、箱庭式の富士山とは、まさしくあれでは。

富士塚は富士講の人によって作られ、単に形を模しただけでなく富士浅間社を勧請《かんじょう》したそうです。勧請とは、神様や仏様の分身に移ってきていただき祀ること。富士山にいらっしゃるのと同じ神様のいる小山に登り、富士登山の疑似体験をしたわけです。

ほんものの富士山は一年のほとんど雪におおわれ、夏でないと登れない。江戸にある塚ならば夏を待たずとも登れるはずなのに、富士山の解禁日に合わせるのが、ほんものと同じ気分を味わう仕掛けでしょうか。

ちなみに『俳句歳時記』では、富士塚は季語とされていなかった。富士講は季語です。江戸の年中行事をまねている私、富士塚にはぜひ登ろう。しかし現実問題、今の富士山の山開きの日に合わせると、七月一日はたぶん梅雨さなか。足もとが悪い。爽やかな季節のうちに登っておきたい。

東京に残っている富士塚を調べると、登山を六月末と七月一日に限っているところが多い。

意外なのは、明治大正に作られたものもあること。さきにふれた品川神社の富士塚も明治二（一八六九）年にできている。富士山信仰は近代になっても庶民の間で生きていたのか。

できたのは江戸時代だが、その後改築や移築をされたものも。『東京花散歩』で訪ねた花の名所もそうだった。維新、震災、昭和の戦災や都市化で江戸から東京の変化は激しかったのだ。

改築移築を経たものは文化財的価値がないとは思わない。さまざまな事情で破壊や崩壊を余儀なくされても、作り直してきた営みこそが、そのものと人との歴史を物語っている。

われもわれもと富士塚へ

都内に現存する最古のものは、千駄ヶ谷富士。鳩森八幡神社の境内にあるらしい。ホームページを読む限り、ここは登山を山開きの日に限っていないようす。行ってみよう。

千駄ヶ谷の駅を降り、東京体育館を左に五分ほど歩くとあった。信号の後ろに灰色の鳥居。かたわらの看板は薪能のお知らせで、富士塚のあることを示すものは見あたらず。鳥居をくぐると左前方に、低い木がこんもりと茂る小山が。すぐにも斜面に取り付きたいが、逸る心を抑えて正しい参拝ルートを探す。

少し行くと案内板が立っていた。木々や岩まで描き込んだ昔ふうの絵図で、ほんものの富士をなだらかな二等辺三角形とすれば、こちらは縦に長く横に短い鋭角三角形。かなり急峻に描かれている。中央下の鳥居に「登山口」とあり、左右は青き水を湛える「御清メ池」、中腹に「浅間社」、頂上に「本社」、輪郭の外側には合目までが記されて、たいへん詳しい。

「烏帽子《えぼし》岩」「亀岩」、岩屋の中の人の像は「身禄様《みろくさま》」。由緒ありげなものが満載だ。ほんものの富士に行ったことがあればよかった。そうしたら、どれがほんものにもあるかわかるのに。

言い替えると、これが富士登山の疑似体験として成立するためには、富士山に行った人のいることと、その人の体験談が情報として流布していることが必要だ。実際に行った人が「富士山にあったあれの写しをここに置こう」と考えて、そうでない人は「話に聞いたなんとか岩はこれね」と思うことができる。

それほど厳密な模造でなくていいのでしょうか。

案内板の他にもうひとつ立て札があり「千駄ヶ谷富士登山記念として富士浅間神社ご朱印頒布しております」。これは楽しみ。記念品が用意されているとは。褒美のようで、登る意欲にはずみがつく。

境内ではパイプ椅子の方が目立っていた。薪能の観客席か、黒いパイプ椅子がびっしりと。それらの向かう方角には、ガラス張りのりっぱな能舞台がある。今はまだパイプ椅子に人はおらず準備中。関係者か通りすがりの営業マンかが、ベンチに腰かけお弁当を食べていた。

その左手に灰色の鳥居。入り口のものよりずっと小さい。そこにも親切に、持ち帰り自由の説明書が置いてある。この富士塚は寛政元（一七八九）年の築造。土を円墳状に盛り上げ作ったもので、頂上近くに富士山の溶岩が使われている。前方の池は富士塚を作る土を掘り取った凹みを利用したもの。大正の震災後に修復されているが、江戸時代の富士塚の基本様式をよく残しているらしい。

溶岩あり浅間社あり

「御清メ池」の水は空《から》。黄色の花菖蒲が植わっている。斜面には赤紫のつつじが咲きはじめ、風に雲を吹き払われた空の青とのコントラストが美しい。遠目にはつつじ山と菖蒲田にしか見えないかも。

植え込みの間に、柵と手すりに囲まれた登山道がくの字についている。鳥居をくぐり池にかかった反り橋を渡って、さあ、登山。自然石を組んだ段々で高さが不揃い、くの字を折れると狭く、急になる。江戸の女性はどんな足ごしらえで登ったのか。下駄では脱げそう、着物の裾も気になりそう。

わざと歩きにくくしてあるのかも。頂上まではすぐだから、少々は足もとを悪くしないと達成感を味わえない。

あっという間にてっぺんに着く。狭い。五人もいればはみ出そうなほど。これで「群衆夥し」かったら、頂上は押しくらまんじゅう、くの字の道には順番待ちの人が鳥居まで連なっていたのでは。

頂上には祠《ほこら》があった。細かな凹凸のたくさんある「富士山の溶岩では」と思われる黒っぽい石の岩屋の中に、白く塗られた小さな祠。これが案内板に記されていた本社、歳時記に言う奥宮の写しだろうか。ほんものの富士山本宮浅間大社奥宮から分けてもらった何かが入っている？　木の扉は閉ざされて中を覗くことはできない。

案内板によると途中にも浅間社があるはずだった。斜面を見下ろせば、あるある、灰色の鳥居に同じく灰色をした祠。くの字の折れ目を少し奥へ進んだところだ。頂上から戻ってお詣り。

「身禄様」は、登山道を浅間社とは反対側に逸れたところにあった。岩屋の中におわす座像だ。

いっとき江戸に八百八講

身禄様とは何者ぞと後で調べたところでは、これぞ富士信仰の中興の祖、富士講が江戸で広まるきっかけとなった人。江戸で商人をしていたが富士信仰をしだいに厚くし、享保十七（一七三二）年飢饉の中で断食行を決意、翌十八年に駒込の住まいを出、富士山の烏帽子岩のそばの洞窟にて断食の末入定《にゅうじょう》、すなわち息をひきとった。その行いが江戸の庶民の心をとらえ、以後富士講が盛んとなり、いっときは江戸八百八講と言われるほどだったという。

享保十八年といえば、吉宗が飢饉や疫病で死んだ人の霊を慰めるため、両国ではじめて花火を打ち上げた年。庶民に気を遣いそうしたパフォーマンスをしなければならぬほど、閉塞感が溜まっていたのでしょうか。

富士塚が賑やかだから世は事もなしと、短絡してはいけないようです。

他には何が富士塚にはあったっけ。麓までいったん降りて案内板を確かめる。宝探し気分になってきた。

「小御嶽石尊大権現《こみたけせきそんだいごんげん》」は山の中ほど、鳥居のあるのを表とすると裏の方にある碑。「小御

嶽石尊大権現　大天狗　小天狗」と刻まれている。

ほんものの富士の五合目に小御嶽神社という神社があるそうで、お社の形を模造しなくても、文字だけで神社がある「ことにしてしまう」のが富士塚らしい発想というべきか。詣でる人もそのへんの約束事はわきまえていそう。でないと、ありがたくないですものね。

案内板では本社のそばにあるとされる「金明水」「銀明水」。登り直すと、なるほど祠の向かって左にひとつ、右後ろにひとつ、それらしいものがありました。単に石の凹みに雨が溜まっているくらいにしか思わなかったが、ほんものの富士の頂きにそういう名の湧き水があると聞くと、晴れた空を映すさまが美しく感じられてくる。旧暦六月一日の暑さのもとでは、きっとなおのこと涼しげに。そのためには誰かがここまで汲み上げてきて常に満たしておかないといけないですね。湧き水でない凹みとあらば。

山頂付近に配置されているという富士山の溶岩も、講の代表で登った人がはるばる持ち帰ったのでしょうか。重いものを長い道中、楽ではない。

くの字とは別の道を降りてくると、「文久」の字の刻まれた古い碑があった。文久年間（一八六一～六三）、富士講の人たちが立てたのか。

低いながらも何度も登り降りし、それなりの運動になりました。ご本殿にお詣りしてから、社務所にてご朱印をいただく。三百円也。その場で日付を筆で書き入れてくれるのはうれしい。捺してあるのがほんものの富士の浅間神社でもらってきたご朱印なら、同じ御利益を得られた気分がいやまさる。

灰を降らせた大噴火も

社務所には結婚式のパンフレットも置いてあった。鳩の形のお守りも。パンフレットによればこの鳩森八幡神社、お祀りしているのは応神天皇と神功皇后。その境内へ別の神様を呼んでくるのを許すばかりか、御朱印を授けるのまで代行してくれるのだから、寛容なものだ。『絵本江戸風俗往来』には富士浅間を祭れるところに「諸社内」と並んで「寺内」ともあった。仏様と富士浅間の神様との同居も、受け入れていたわけか。

振り返ればパイプ椅子の向こうの富士塚を、リュックを背負った男性が登っていくところ。頂上に着いたとこで、

「あっ、どうも」

携帯電話をとっている。

そういえば頂上からの景色を愛でなかった。宝探し気分で足もとばかり目をやっていた。というより麓から見たときすでに、頂上よりはるかに高いビルがいくつもそびえていて、

眺望をはなから期待しなかった。

この富士塚の高さは六メートルくらいという。掃き出し窓のカーテンの既製サイズが丈二メートル三十だから、二階建ての家の軒くらいか。

周囲に高い建物のない江戸時代は、それでも見晴らしがよかっただろう。いや、当時は江戸の町のほぼどこからでも富士は見えていたという。だからこそひかれるのだ。江戸時代中期の宝永四（一七〇七）年には大噴火があり、江戸の町にもたくさんの灰が降ったそうで、そのようすも今より近い過去として、畏敬の念をもって語り継がれていたことでしょう。

この富士塚を持つ鳩森神社、御朱印の頒布までしていたようにサービスが概してよく、ホームページもたいへん充実。富士塚の写真も多数掲載され、登山口からしだいに上へと切り替わっていく。

ものぐさな私は来る前にそれを見たときに、これがあるならわざわざ千駄ヶ谷まで出かけて登らなくてもいいのではと考えた。富士塚そのものが疑似体験のためのもの、だったら画面上のバーチャル体験でもいいのではと。

が、画面になくてここで得られるのは、体で感じる傾斜、歩きにくさ、ふくらはぎの張り、少々の汗と息切れ、吹き抜ける風。登った気分になるためにはそれらがきっと不可欠なのだ。

駒込富士の変わった由来

この千駄ヶ谷富士が、繰り返しになるが現存する中で最古のもの。記録にあるのでいちばん古いものは高田富士。千駄ヶ谷富士に先んずること十年の安永八（一七七九）年、かの身録様の直弟子だった造園師が作りはじめた。早稲田大学の拡張工事で取り壊され、近くに代わりの富士塚が作り直されたという。

『絵本江戸風俗往来』に挙げられている駒込富士は、少し変わった歴史を持つ。江戸時代をはるかに遡ること延文年間（一三五六～六一）にはすでに富士塚と呼ばれていたと、境内の説明板にありました。

その話をする前に、まずは神社へ行きましょう。駒込駅から六義園を右に見ながら本郷通りを歩いてきて、この辺かと思うところで左へ。右前方に塀に囲まれ木の茂った小高い一角があり、たぶんあれだ。傍らの地図には富士前交番、上富士前派出所。周辺に放たれている富士の存在感は、千駄ヶ谷富士より強い。

塀のところどころに石板が埋め込まれて、赤い字が掘られている。「何々講　有志　富

士前町　某」の名や「世話人」の肩書き、それに「昭和十三年三月」と。

昭和十三（一九三八）年に、その講の人たちがこの塀を寄進した？　講の活動はそんなに最近まで続いていたのか、富士講との関係は、など謎が多いです。

ここは裏手。正式な参拝ルートを探して本郷通りへいったん戻る。少し先の信号にまさしく「富士神社入口」なる標識があり、そこを左へ。灰色の鳥居にかかる赤い縁取りの扁額には「富士社」と。

そう、ここは神社の名からして富士神社。文京区の教育委員会が立てた説明板によると、氏子を持たず富士講組織で成り立っている。祀られているのも富士浅間神社の主祭神、木《この》花咲耶姫《はなさくやひめ》そのものだ。別の神様のいたところへ後から招いたのではない。

説明板によるとこの神社は、もとは本郷にあったという。江戸時代より前の天正元（一五七三）年、村の二人が木花咲耶姫の夢を見て、翌年駿河の富士浅間社を勧請した。寛永六（一六二九）年その地が加賀藩邸となったため、社をここへ移したと。

六月一日は氷の朔日

『東都歳時記』は別の由来を記している。本郷の小さな山に六月一日大雪が降り積もった。

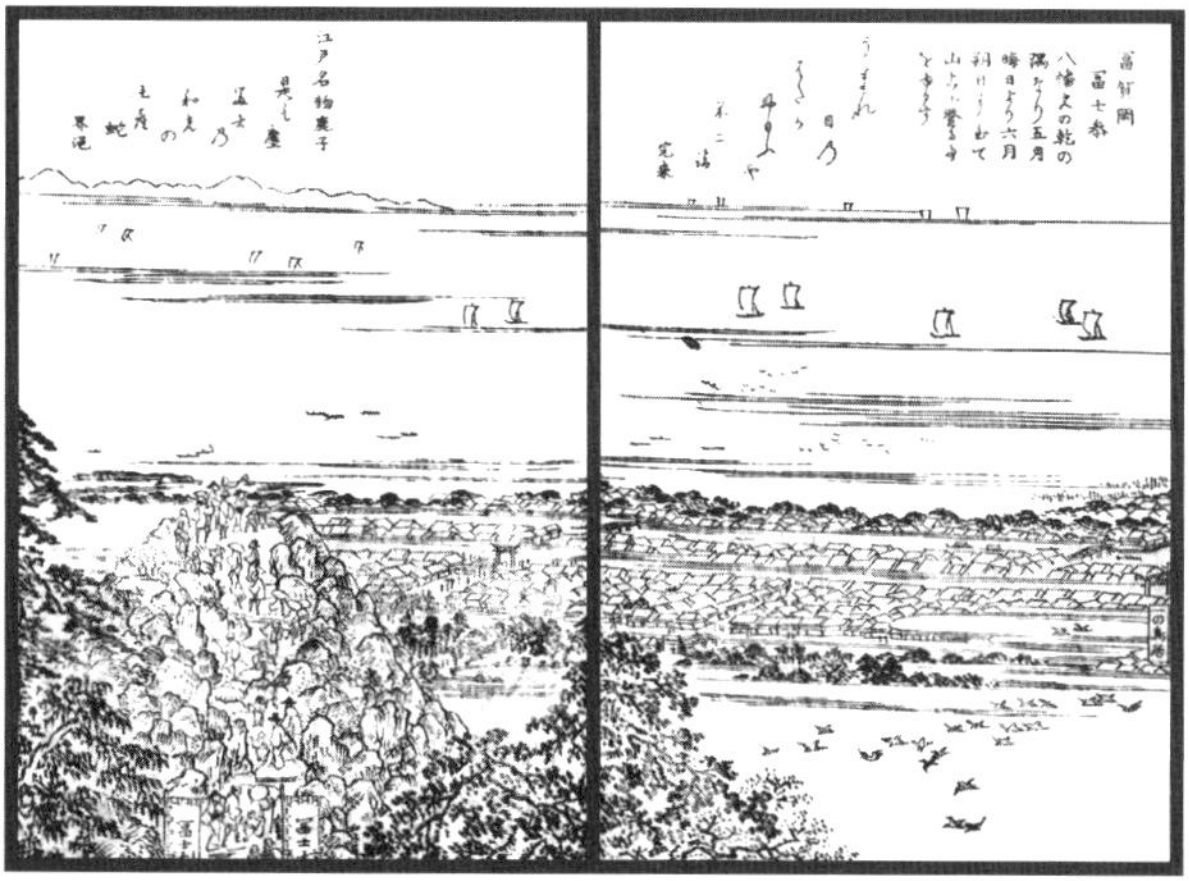

江戸のいたるところにあった富士塚。ここでは冨賀岡の富士塚に登る人が描かれている（『東都歳時記』国立国会図書館蔵）

ときならぬ大雪のゆえをもって、富士浅間社を勧請、毎年六月一日に人々が富士詣として来るようになったが、そこが加賀藩の屋敷となり……。

加賀藩で思い出す。六月一日は氷の朔日。毎年この日に加賀藩から将軍家へ氷を献上する行事がある。江戸の藩邸内にある氷室から。それって夏の雪が積もった小山と関係があるのだろうか。

町人もこの日「旧年寒水を以て製したる餅」を食べたと『東都歳時記』に。歳時記も併せて読めば、氷の代わりに正月の餅をとっておいたのを食べる風習で、氷餅を祝ふという季語になっていた。

雪や氷にちなんだ言い伝えや風習が、夏のただ中のこの日にあるのが不思議。それらの微妙に交わるところにある富士。いろいろなものが絡まり合い、それらを解くのは私の力を超えているが、江戸時代のものが江戸時代にはじまったとは限らず、それ以前の歴史や民俗の古層があると心しておこう。

説明板で長く立ち止まってしまったが、さあ登ろう。

登山道は一直線だ。正面の急な石段の上に、赤い字を彫った灰色の鳥居がすでに見えている。斜面にはこれまた赤い字の碑が所狭しと立っていて、裁縫の針山に喩えたくなる。「富士山」「浅間神社」なる、そのものの碑から、加賀藩との縁を感じさせる「加州」や、「鳶中」、何組、何番の文字、火消しの印のあるものも。

石段は二十三段。傾斜がきつく、腿が張る。上りきった先に石を敷いた参道がまだ続き、若葉の木々を背景に、白壁に深い緑の扉を持つ堅牢な社殿が立っている。

頂は広い。一説には前方後円墳だったとされるそうだが、うなずける。何もないところにこれだけの土を盛り上げるのはたいへんだ。

上から見ると斜面にも、それに沿って歩きたくなるように石が置かれている。木の扉で塞がれた岩屋もあった。かつては石段以外にも登山道があったのでは。

境内は無人。手水所も乾いていた。銀杏や榧《かや》、スダジイの大樹が、幹は不動で葉だけを風に揺らしている。

富士塚の右側は、すぐそばまで民家が並ぶ。土留めの石垣の、自転車一台やっと通れる道を挟んだ向かいに、郵便受けやエアコンの室外機。

生活の場のほんとうに目の前が富士なのだ。当時の句の詠んだのは、こういう富士のありようか。

私は一句、消えていった富士塚に思いを馳せて。

富士塚は名のみ残して椎若葉　葉子

不二こりや朝風寒き濡褌　嘯山
借家をふさぐ駒込の富士　古川柳
落こぼれ蠅もいはふや氷もち　西奴

三　御用祭の夏

【夏祭】春祭、秋祭もありますが単に祭といえば夏の季語、古くは京都の葵祭のことでしたが、俳句ではその他の祭もさします。天下祭は江戸山王祭と神田祭のふたつあり、前者は日枝祭、山王祭とも。神輿《みこし》、渡御、山車、御旅所も季語。

この頃の江戸：朝顔　土用干　麦湯　夕立　蚊遣

納涼の夜店いろいろ

六月になりました。別名、水無月。新暦の六月は梅雨どきで水が大有りだけれども、江戸の町は暑さの盛り。

『絵本江戸風俗往来』によると真昼の町は、人の通行も絶え陽ざしばかりが照りつけている。商店では算盤《そろばん》にもたれる手代がいれば、硯箱に肘をつきこっくりこっくりしている老番頭も。小僧さんまで店の隅で船を漕いでいる。お勝手では女中たちが思い思いに忍び眠り、奥で子を寝かしつける母親もへの字の形と、午睡のさまを描いている。午睡が、夏の風物としてとり上げられているくらいです。『武玉川』の中の句、

女ハまげるうたた寝の足

を思い出させる。暑くても裾をはだけて大の字になって寝はしない。足を揃えて軽く曲げて。

生活感いっぱいの日々の中でふと見せた羞じらいのある寝姿と、それに注いだ優しい視

線。私の好きな世界です。
昼寝から覚めるともう夕飯どき。行水で汗を流して膳につき、お酒を飲んだり旦那がたは囲碁や将棋をはじめたり。

この時節、実労働時間は短そう。「気楽な世代と笑われるが、昔の江戸の習慣《ならい》とは、さてお恥ずかしきことなり」と著者。夏が高温多湿の町だから、その方が自然な気はします。

日暮れ以降の通りには、涼をとる人々の姿がありました。店先に水を打って潤し涼み台を出して、家々の主人をはじめ妻や子も腰かける。妻も奥に引っ込められず、往来での納涼に参加しているのが心和む。「相互に行きつ来たりつ、四方山《よもやま》の噺《はなし》、此方《こなた》彼方《かなた》の子供遊び。誠に代の豊かなるしるしとぞ」。「代」は世の中とか時代くらいの意味でしょうか。何かと騒動の多い幕末でも、夏の夕方にはこんな満ち足りたひとときがありました。

納涼の人をあてこんで、夜店もいろいろ立ったらしい。盤台桶や籠に積み並べられた西瓜、まくわ瓜。麦茶や枝豆も売りに来た。

夏の食べ物を商う人で、私がぜひ呼び止めてみたいと思うのは白玉水売。歌舞伎にも登場します。白玉を美しい瀬戸物の鉢に、砂糖を皿に山のごとくに盛り上げて、真鍮の水の器を輝かせ「エひァら、ひァこイ、ひァら、ひァこイ」と売り歩いたとは、同じく『絵本江戸風俗往来』の記述。「ひァこイ」は「冷やっこい」でしょうか。

神田明神と山王権現

六月の風物としてこの本の著者が、多くを書いているのが祭について。天王祭と山王祭。暑さをいかにしのぐかに工夫を凝らす月だけれど、「しかるに天王祭・山王祭は、炎熱をして却《かえ》って恐れしめしは、江戸ッ子の威勢というべし」と勇ましい。まさに江戸っ子らしい気焔を吐いている。天王祭、山王祭なる祭が、この月にあるのか。天王祭の記述は飛び飛びだ。祭というものの基本がわかっていない私は、語のひとつひとつを辞書で引かねばならなかったが、理解したところでは、神田明神の境内に天王を祀った一の宮から三の宮の三社があるそうです。六月の前半に、三社それぞれが時期を少しずつずらして一週間前後の神幸《しんこう》をする。神幸とは、神がふだん鎮座しているお社からよそへ赴くこと。行った先で仮に鎮座する場所を御旅所《おたびしょ》といい、三社それぞれに定まっている。南伝馬町、大伝馬町、小舟町にあり、いずれも日本橋界隈です。神田明神の境内を出て、御旅所に何泊かし帰ってくる。この間が祭。移動には神輿行列を組み、たいそう賑やかだったらしい。入れ替わり立ち替わり神輿が来て滞在するのだから、日本橋界隈や通り道の町では月の前半ほとんど仕事が手につかなかったのではと想像する。

江戸には他にも天王を祀る神社がたくさんあり、六月中あちこちで天王祭が行われていたらしい。

天王祭のようすは、『絵本江戸風俗往来』では別の本に詳しいので略すとしてあまり細かく描いていない。今は三ヶ所の御旅所のうちのひとつだけが、町の人の努力により祭を復活させ、規模を小さくして行われているようです。

日本橋の天王祭が十四日に終わったら、翌十五日が山王祭。これについては著者は、祭の前のようすから詳しく具体的に書き、たいへんに紙幅を割いている。

山王祭とは、今の千代田区永田町にある日枝《ひえ》神社のお祭。江戸時代も今も隔年で行われている。

東京に住みながら、私は知らなかった。江戸っ子のお祭として有名な神田祭。あれはこの山王祭と交代に、隔年で行われていることを。なぜにこの組み合わせ？　と思えば著者によると、江戸にたくさんある祭の中でも二つは特別。なぜなら二つとも将軍家の御城中へ神輿や練り物が引き入れられる。さればこの二つを「江戸両祭とて、江戸ッ子の勇める御用祭というものなり」。

これもはじめて知ることです。庶民に江戸城へ入る機会があったとは。

山車が市中を練り歩く

著者によると日枝神社の氏子は町の数にして百六十余。その町々から四五台の山車《だし》が出た。

山車を出す当番にあたった町では、祭の前からたいへんな力の入れようだったらしい。往来の道路を繕い小砂利を敷き詰め、両側に木でもって籬《またぎ》を構え、高張提灯《たかばりちょうちん》を多く立てる。家々の軒は造花と幕で飾り、軒下には竹の欄をしつらえ囃台《はやしだい》を組み……といったありさま。夏は皆さん暑さであまり働かず、江戸の経済活動は不活発なのではと想像していたが、さにあらず。道路の普請からするなんて、祭は一種の公共事業、景気刺激策にも思えてくる。

倹約令でおなじみ天保の改革以降、祭に無益の費えをすることを厳に戒められながら、そこは江戸っ子、木綿にせよと言われているなら木綿ですませば懐も痛まぬものを、わざわざ木綿と偽って絹を使うといった散財ぶり。

山車の方は小屋をかけてその中に飾り、町の人で警護。地主や家主は上布帷子《じょうふかたびら》に紗《しゃ》の袴《はかま》、花笠を被り小刀を帯びて警護にあたる張り切りよう。職人の親方衆は肌脱ぎで、女の子まで金棒引きに立ったというから、まさに町を挙げて。

十四日の夜から十五日にかけては武士は外出を禁じられ、「町人の権勢実に盛んなり」

と。景気刺激策と同時に、不満の暴発を防ぐガス抜きでもあったでしょうか。

山車を見物したい武士には、町人に扮装して来る人もいたという。自分たちより上の階級の人が自分たちになりすまそうとしている姿は、町人には溜飲の下がるものがあったのでは。

どの町がどんな山車を出すか、著者は一台目から四十五台目まで何ページにもわたって書いている。読んでいくと「なぜにこれが？」と首を傾げるものが少なくない。浦島、静御前、茶筌茶壺、大鋸、鯨猟、宝船……。町別対抗パレードの趣です。義経弓流れの山車は弓町など、町名にちなんだものが多い。

四十五台まで説明がすんだら「次は神輿行列」として、新たな記述に入っている。これはすなわち、町人の出す山車と神社の出す神輿行列とがあって、前者が後者にお供をしひとまとまりの行列として江戸城へ入るということか。

日枝神社のホームページを開くと、これはたいへん、山王まつり（ひらがなで書かれている）は七日から十七日までにわたり、どの日も何らかの行事があって一覧表になっている。いったいどれに行けばいいいか。

意味上の中心は、十五日そのものに行われる例祭奉幣だろう。皇城鎮護都民平安祈願とある。

行列は八日の神幸祭だ。朝七時四十五分から夕方五時までとこれだけが長時間。『絵本江戸風俗往来』には、夜がまだ明けないうちから山車が小屋から引き出され、四十五台目が竹橋門を出るのは灯りのつく頃になるとあった。

お城に入るのが江戸の人を発奮させたなら、行くべきはやはり八日か。行列が皇居に入るところに居合わせたい。日枝神社のホームページには親切にも、順路と予定時刻を示した図が載っていて、皇居坂下門にて行列を止め何らかの神事を行うらしい。順路の矢印線もそこで奥へ切れ込んでUターンするようになっている。

家康様の産土神

坂下門到着はお昼頃。その前後、行列について歩くことにする。お濠に面した国立劇場でも、十時四十分からしばらく神事をするらしい。

順路図の国立劇場には（　）して元山王とあった。これは日枝神社の歴史と関わります。江戸に幕府のできる前、かの太田《おおた》道灌《どうかん》が江戸に城を築いたとき、川越の山王社を勧請し鎮護の神としたのが、そもそものはじまり。徳川家康が江戸に移封されて来て、江戸城を居城とするに至り、将軍家の産土神《うぶすながみ》となる。このときはまだお城の中にありました。

二代将軍によるお城の大改築の際、今の国立劇場あたりに。お城の外へ出、庶民も参拝できるようになったわけです。

大火で社殿が炎上したため、四代将軍が新たな社殿を建ててお遷ししたのが、今の日枝神社。それでここは元山王と呼ばれるようになった。

地下鉄半蔵門の駅で降り、国立劇場へと歩きはじめる。晴れているが湿度の高い日。正面に見えてくる皇居の緑も、かすかに靄がかかったように白っぽい。どこからか聞こえる笛、太鼓。急ごう。

内堀通りに出ると、歩道に早くも人がたむろし、信号下には警視庁の白バイ、テレビカメラもスタンバイしている。

国立劇場への入り口角に立っていると、来た。パトカーに先導されてお囃子の車。紫の花を吊した屋根の下、浴衣姿の人が乗っている。録音ではなく生演奏だ。

車の通行は全面ストップではない。お濠側の歩道に沿った一車線のみを使っている。信号で右に折れ、横断歩道を渡ってくる。

「日枝防」と白で染めた黒い法被《はっぴ》の男たち。警護をつとめる人でしょう。水色の法被の男たちが、鶏の乗った太鼓を曳いてくる。諫鼓《かんこ》鳥といい日本橋は大伝馬町の山車。大伝馬町は天王祭をしていたところ。それが終わるや山車の準備と、祭続きで息つく暇もないでしょう。

高くはためく「祈震災復興」の幟《のぼり》。隔年ならば今年が、東日本大震災後はじめての山王祭なのです。

馬に乗った禰宜《ねぎ》。金の御幣と榊の輪。白の袴に白の袍という、神官らしいいでたちの人に担がれてくる。言葉でしか知らなかった錦の御旗。それらに前後し、朱色の鼻高面や、正月の獅子舞に似た色は黒の獅子頭も。白い馬が来た。誰も乗せず、白ずくめの人に恭しく綱を取られて。あれは神馬だ。

信号が赤になるたび行列は中断。現代の神幸は交通法規を守ります。

頭に金の飾りをし緋色袴を着けた舞姫。笠をかぶり薄い布を垂らした童女。

町衆の晴れ姿

花笠を被り紗の裃《かみしも》という、『絵本江戸風俗往来』にあるとおりの一団が現れる。氏子総代連だ。冠や烏帽子といった平安貴族ふうの装束が多い中では目立ち、肩の張った裃も颯爽と勇ましく見える。旦那衆にしたら誇らしくも晴れがましいいでたちだろう。家で送り出した妻も少しは惚れ直したのでは。

贄を凝らして盛大に行われた山王祭（『江戸府内絵本風俗往来』国立国会図書館蔵）

いよいよ神輿の登場だ。金の鳳凰を載せた神輿が二基。白のたっつけ袴に黄色の袍を着けた人に曳かれてやって来る。屋根の四隅からは橙色の太い綱。四方へ長く広がって、その綱を持つためだけの人もいる。屋根には金の菊の紋。屋根の下には、円形の鏡が光る。いかにも霊徳がありそうだ。
鳳輦《ほうれん》といい、辞書で調べると天皇の乗り物とのこと。

続いてもう一基。白ずくめの人に曳かれてくる。屋根の上の鳳の形が少し違う。菊の紋の代わりに三つ巴の紋。綱は紫で鳳輦より短い。鏡はない。こちらは宮神輿というそうだ。長い棒の先に紫の布をうちわのような形に張った日よけをさしかける人たちが、それに従う。

続いて人力車に乗った神官さん。ひときわ格式の高そうな黒い袍を着けていて、冠の後ろには細い飾りが垂れ下がり、手には笏《しゃく》を持っている。百人一首の絵札から抜け出てきたような。

思ったよりずっと王朝ふう。そして静か。肌の露出も極めて少ない。法被の人も下には黒の股引を履いている。テレビで報じる神田祭から想像するような、褌姿で神輿を肩に担ぎ、わっしょいわっしょい荒々しいものとはまったく違う。

行列のしまいの方に山車が来た。色とりどりの花を丸く盛り上げた花山車。笹に囲まれた緑の辰は今年の干支の山車だろう。屋根の上の舞台に猿の面を抱えた若者の乗る「美少年の山車」。美少年は人ではなく人形です。しんがりは御幣を肩に担いだ猿。薄緑の衣に身を包み、太刀を佩《は》いている。猿は日枝神社で神の使いとされているとのこと。

茶筌茶壺だの鋸だのと、突拍子もないものは見当たらず。山車の数は江戸時代よりずいぶん少なくなったようです。

神官らしき装束の人と、法被姿に裃姿。どの人が氏子でどの人がそうでないかはわからないけれど、町の人も加わった行列であるとは感じることができた。法被姿に女性のいるのは、現代ならではでしょうか。

国立劇場の正面玄関。文楽を聞きにきたとき人と待ち合わせるここも、今日は神事の台が設けられている。白の御神酒《おみき》徳利。野菜を載せた三宝。黒の衣で人力車に乗りいかにも位の高そうだった神官さんが祝詞《のりと》を上げる。そう、ここは元、日枝神社のあった場所。

巫女さんが笛の音に乗せ、剣の舞を奉納する。雅楽のようなものの演奏も。

行列のその他おおぜいは、玄関近くに用意されていたペットボトルのお茶で、この間に水分補給。お弁当をかきこむ人も。江戸時代も半蔵門の外で昼食を取ったそうです。なんといっても一日がかり。しかもこの暑さ。夕方までもたない。

干支の山車の前で法被姿のご婦人がたが相談中。「飲んでおかないと熱中症になるよ」「でも、この先トイレに行けないでしょ」。ああ、それもリアルな悩み。

やがて行列が動き出す。お濠に沿ってしばらく進み、桜田門を通過後、祝田橋交差点を左折、皇居外苑に入る予定。地下鉄の駅名では聞きおぼえがあるが歩いたことはなく、距離感がつかめない。脱落しませんように。

将軍様がご上覧

神輿に従い、お濠沿いに歩く。かけ声も、むろん喧嘩もない、粛々たる行列だ。お囃子も鳴らなくなった。巫女さんの持つ鈴の音がときおりするだけ。

お濠に湛えられた水は深い緑で、鈍い光りを返してくる。濠の向こうに、えんえんと続く石垣。ここが全部江戸城だったのだ。行列にはじめて参加した人は、広さに度肝を抜かれたのではなかろうか。江戸の人口の約半分を占める町人が、市街地の面積の六分の一程度の狭いところへ押し込められていたと聞く。

お昼前。陽が真上から照りつける頃だ。皇居ランナーも今は少ない。向こうから自転車で来たワイシャツの男が、行列の中のひとりに気づいて止まり、

「お、祭?」

「そう。営業?」

「通勤。今日午後からだから」

都心の祭らしい会話。短く終わり、またもとの静けさに。風も絶えた。通りの反対側のビル群のてっぺんの角が、溶け出しそう。京都の祇園祭を思い出すのは、暑さのせいか王朝ふうの装束のせいか。健脚のつもりの私も、行列に遅れがちだ。重い山車はわずかな下りでも加速度がつくようだ。

装束を着けた人はもっと暑いだろうによく早足でついていくと思いつつ、顔を見ると皆さん疲れていそう。馬に揺られる人は特に。江戸の人は体力あった!

江戸時代と順路は違う。『絵本江戸風俗往来』では、半蔵門から城内に入り、「竹橋御門」へ抜けている。竹橋御門が今の地下鉄竹橋駅付近なら、吹上御所のそばを通る形。現代ではそれはあり得ず、行列はお濠の外を大回り。江戸時代よりお城は遠い。ようやっと皇居外苑にさしかかる。松の緑が目にしみる。ああ、あの砂利を敷き詰めた広場が、玉音放送を聞いて人々が泣き崩れた二重橋前。いくつものデモもありました。昭和を振り返るフィルムで必ず映る。

順路図ではこの先で左へ曲がり、何かしらの神事をするはずだが、行列はそのまま直進。後で調べると三笠宮殿下逝去から間もないため今年は遠慮、お囃子も控えたとのこと。直進後右へ折れて外苑を出る。和田倉門の信号を渡り、並木の下を東京駅へ。復元のほぼ成った赤煉瓦のドームを指して、神輿は進む。大正の初めに建てられ、昭和の戦災で屋根の大半を消失し、平成の今元の姿に戻らんとしている建物。この都市のたどった歴史が幾重にも合わさる光景だ。

東京駅の手前で曲がり、丸の内仲通りへ。おしゃれな街路樹と石畳、ブランドショップで知られる通りだ。オフィス街は昼休み。食事の人でごった返している。

丸の内仲通りの入り口で行列に別れを告げた。この後行列は東京駅と有楽町駅との間でJRの線路をくぐって八重洲側へ出、京橋、日本橋、銀座と午後いっぱい巡った後、五時に日枝神社に帰着するそうだ。

江戸時代は「竹橋御門」でお城を退いた後、今の大手町にある大名屋敷の塀に沿い、「常磐橋御門」から日本橋へ出た。古地図で見ると、今のＪＲの線路を東京駅と神田駅との間でくぐった少し先。竹橋御門はお城の内堀、常磐橋御門は外堀だ。

お城の中に入るなんてめったにない体験で、さぞやめずらしかっただろうと思うのに、『絵本江戸風俗往来』には意外なほど記述がない。ただ「内廓にて将軍家御上覧ありたり」とのみ。

お城に入った行列を、将軍自らが迎えたのです。徳川家の産土神であるからは、お社がお城の外へ移った後三代以降の歴代将軍は、祭のときに城に居ながらにして拝礼した。

この本の著者は体験がなくても行ってきた人から、お城とはこんなところだったとか将軍様はこんな印象だったとか、土産話くらいは伝え聞いていてもよさそうだが。

「常盤橋を出づるや漸く安心なして、一意気付ける」。やはりお城は庶民にとって畏れ多く、緊張を強いられるところだったのでしょう。城内では将軍の御家人をはじめさまざまな役人が指揮をとり、ただただそれに従った。「常盤橋御門をいづる迄は、ひたすら神妙を旨《むね》とし、失礼不敬なきよう、行列を整《ととの》えける」とある。周囲を見る余裕なんてなかったというのが、正直なところでは。

その代わりというべきか、常磐橋御門を出れば自分たちのホームグラウンド。「多くはこの御門前にて行列を乱して騒々《そうぞう》しくなること常なり」とある。門を出た後の山車は、いわば流れ解散で行列を崩し、各町へ戻っていったと。そこからがお祭騒ぎのはじまりだったかもしれません。

神輿の方の行列は、その先も乱れることなく氏子各町を巡って神社へ帰還。長い一日、お疲れ様です。

疫病退治の牛頭天王

私はそれほど歩いたわけでもないのに、帰宅後へたばっていた。やはり暑さがこたえました。いくら「炎熱をして却って恐れしめしは、江戸ッ子の威勢」とはいえ、この時節、祭には向かないのでは。

そもそも祭は、秋のものではなかったか。歳時記をひもとけば、違いました。「秋祭」「春祭」なる季語もあるけれど、単に「祭」といえば夏。説明には次のようにある。春祭は豊作を祈る、秋祭は稲の収穫後に新穀を供えて感謝する。夏の祭は疫病や水害その他の災厄からの加護を祈るものが多い。

そう、夏の祭は春や秋のそれと機能が異なるのだ。春祭、秋祭は農事と深く結びついている。そして江戸では農事より疫病対策が、より切実なテーマだっただろう。生産から遠く離れた消費都市であるならば。高温多湿で疫病が発生しやすく、しかも人口過密で伝染しやすい条件にある都市ならば。

「山王祭」は歳時記では春の巻にありました。季語としては滋賀県大津市や岐阜県高山市で四月に行われる祭を表すようです。

「天王祭」は夏の巻に、祇園祭のこととして載っていた。京都の夏の風物詩。祀られているのは牛頭天王《ごずてんのう》。疫病を退治すると信じられている。江戸の天王祭は祇園祭と同じ神を戴いている?

公家政治の中心、京都と武家政治の中心、江戸と。成り立ちは異なるけれど、都市であることは同じだ。都市に共通するテーマを、二つの町は抱えていたのだろう。

夜のニュースによると、神輿行列のあったこの日は関東各地で今年はじめての真夏日だったそうです。

堀割の水のにほへる祭かな　葉子

巻き舌の相談もある祭り前　古川柳

われらまで天下祭や土車　其角

江戸中の汗臭ふ成《なり》山王会　古川柳

四　秋はお月見

【月見】八月十五日中秋の月を賞して、薄《すすき》を活け団子や季節の食物を供える。俳句では単に月といえば秋の月をさします。花と並んで代表的な季語。十五夜、中秋節、今日の月、月今宵、名月、芋名月、良夜など関連季語多数。

この頃の江戸：八朔《はっさく》　八幡宮例祭　放生会《ほうじょうえ》　萩　野分《のわき》

米の相場の決まる八月

七月は旧暦と新暦の違いを痛感しました。この月『絵本江戸風俗往来』では、秋の七草がすでに登場。梅で知られる向島の百花園に秋の七草が植えられてから、秋にも遊ぶ人が絶えないと。

その時期の東京は、梅雨が明けていきなり最高気温が三十五度超え。炎暑に喘ぐ日々でした。

八月になると、江戸はもう朝夕は冷気をおぼえ、風清々しく、おじいさんおばあさんまで杖をつきつき野外へお出かけ、一年でもっともよい季節の誘うところと書いてある。秋の行楽シーズンを迎えたのです。

八月最初の行事が八朔。この日、田面《たのも》の祝賀なるものがあったとか。歳時記で調べれば、田の実の節とも呼ばれるもので、農村ではその年新しく穫れた穀物を贈答する風習があったらしい。収穫シーズンを迎えたのです。

『絵本江戸風俗往来』の著者は、生産地を遠く離れた江戸に住む人。農村の風習についての記述はなく、米の相場は八朔の日の出来によって決まると、消費地らしい関心を示している。米の出来とは、現代もニュースで今年の稲の作柄はやや良などと報じられるが、そうした検査と結果による価格の決定を、この日に積んだ穂の実入りによって行っていたということか。

また八月一日は家康が江戸城に入った記念の日。諸侯が登城し祝辞を述べる儀式が行われたそうだが、武家ならぬ町人の著者、その記述もごく短くすませている。

八月の記述で長いのは、十五夜観月。調べたところ今年の十五夜は新暦九月三十日で、その日を挟んで三日間、かの向島百花園では夜間も特別開園し月見の会を催すらしい。創設は江戸の昔に遡る園のこと、当時の雰囲気が味わえるのではと行くことに。

十五夜の日はあいにく嵐。翌十月一日に出かける。

日のあるうちにお供え物を観賞、その後月見へ移行するつもりで来たが、駅から歩く間にもみるみる暗くなってきた。六時までまだ十五分もある。ついこの前まで七時でも明るかったのに。季節は移り変わっていたか。とはいえこの日は台風一過、昼間の気温は三十一度まで上がり、服は汗で湿っている。

夕闇の溜まりはじめた角を折れ、切符売り場の方へ行くと、門の前に行灯が点っている。板葺き屋根を載き、左右の柱に一対の聯《れん》のかかった風流な門だ。この日は都民の日で入場は無料とのこと。

向島百花園とスカイツリー

百花園には前著『東京花散歩』で二度訪れている。朝顔の展示のときと、萩の花が咲きトンネルをなす頃だ。園の成り立ちもおおまかには頭に入っている。文化年間（一八〇四〜一八）ひとりの商人が、交遊のある文人墨客から梅数百株の寄贈を受けてはじめたもの。町人の造った庭園だ。大名庭園と違って様式化されすぎない、野趣溢れる美が特徴と、私は思う。秋の七草が植えられたのは『絵本江戸風俗往来』によると文化年間のこと。

前に来たときは、門を入ってすぐ何かの碑があった気がするが、暗くてわからず。植え込みの間を行くと行灯がまた一基あり、ちょうど点しているところ。中には蠟燭が立っており、ほんものの火を入れる。紙に描かれた五七五と絵は、地元の俳画会の人によるものと、係の話。

さらに進むと植え込みが開け、「おお、こうなっているのか」。朝顔の展示では鉢が並んでいた広いところに、葭簀《よしず》掛けのステージが設けられ、琴の演奏がはじまるらしい。ステージ前にはパイプ椅子が何列も。

左奥にはテーブルと丸椅子が何組もあり、ビールや枝豆の注文を受け、お茶屋兼土産物屋は大忙し。言問団子の売店も出ている。売店には後で行くとして、お供えの団子はどこに？

係に尋ね、植え込みに沿って右へ曲がれば、再び「おお、こうなっているのか」と。暗くて咲いているかどうかもわからぬが、萩のトンネルがあった覚えのあるあたりの手前に台が置かれ、三方に白いお団子が持ってある。竹筒に生けた薄《すすき》と御神酒徳利に挟まれて。向こうの夜空には、銀色に輝くスカイツリー。

こういう位置関係になるわけか。四月の花まつりで浅草寺の境内から見たより近い。東京の西側に住む私は、完成したスカイツリーをはじめて目にする。

高さは世界一だったかアジア一だったか。いちばんであることをあまり全面に押し出していない印象なのは、いちばんを誇って国威発揚する時代でもないからか、じきに上海かドバイあたりに抜かれるだろうとの諦めか。明治とも昭和とも違う平成の、バブルの後の失われた二十年の後の塔のありよう。

こういう負けるのに慣れてしまったようなメンタリティーが、果たしていいのかわからないし、他の国と競うつもりはないけれど。このとき私はスカイツリーをちょっと見直す思いがした。縦、横、斜めの細い柱が天を指しひとつに束ねられていくさまは、精緻に組み上げられた橋脚にも似て、職人仕事に通じる確かさを感じる。

浅草寺から遠望したときは、春霞の空に灰色の棒がただ突っ立っている印象で、秀麗な富士のごとくに広く裾を引いた東京タワーほどの趣はないと、正直思ったものだ。が、こうして澄んだ夜空に静かに佇んでいる姿を仰げば、これはこれで存在感がある。

そう、澄んだ夜空という言葉がわれしらず出たように、夜空はたしかに澄んでいる。昼間の最高気温は三十度を超えても、半透明に濁った夏の空とは違っている。いつの間に。

行灯の光の届かぬ闇には、鈴を振るような虫の声が満ちている。

お供えのお団子は言問団子に作ってもらったと、さきほど場所を訊ねたとき、係の人が言っていた。正しい積み方も、言問団子さんに教わったと。

団子作りは未明から

そばに寄ってみて、積み方を見る。三段になっており、下段は手前の列に三個、まん中の列に三個、奥の列に四個の計十個。中段が二と二の四個。上段が一個で、計十五個だ。十五夜にちなんで十五個か。

握り拳を作って団子のそばに出せば、手の甲くらいの大きさがある。子どもの頃縁側に飾ったのは、もっとずっと小さかった。

三方の手前の板には、季節の生り物が載っている。柿、栗、葡萄、からす瓜、茸、あけび、椿の実など。りんごは季節と違うかも、洋なしは今ふうかも、さつま芋は彩りはきれいだけれど江戸をまねるなら里芋かも。

『絵本江戸風俗往来』では、団子とともに供えるのは柿、栗、葡萄、枝豆、里芋の衣かつぎ、花は薄に秋草とある。

そして団子は、直径が大は三寸五分、小で二寸余りというから、相当大きい。一寸はたしか約三センチ。直径六センチから十・五センチ⁉

これを家じゅう総出で作る。夏には白玉売りも来たように、江戸の町は佃煮やら惣菜やらを売る人が狭い路地まで入り込んできて、食べ物は家で調理しなくても何でも買ってすませられそうなイメージだが、月見団子は別らしい。家族揃って拵《こしら》えるのがめでたいとされていたそうだ。

それも粉から作るのです。前日までに米を挽《ひ》いて粉にし、十五夜の当日は未明から起き出し、みんなしてこねて丸める。江戸じゅうが「武家社寺の別なく、工商ともおしなべて、団子を調じ」ていたという。「農」が幼少期の見聞に含まれていないのが、江戸っ子のこの著者、やはり都市生活者なのだと思う。

お供えの団子の他、それより小さい団子も作ったという。一人につき十五個。この日だけで、ひとつの家で何升分の米の粉を使ったか。それだけ豊かだったのでしょうか。

里芋との深いかかわり

俳句のための事典というべき歳時記の説明では、京坂では団子を供えることは江戸と同じでも、形を里芋に似せて尖らせたという。しかも、きな粉と砂糖を混ぜたものを衣にして。まさしく衣かつぎ。色もまた里芋に似せたのでは。

歳時記によると、八月十五夜の月を別名、芋名月ともいう。『絵本江戸風俗往来』にはその呼び方は記されていない。

里芋は稲作が入ってくる前から、日本で栽培されていたもの。お米の前は里芋が主食だったとする説もある。江戸の月見のお供え物は米の団子が主だけれど、脇に添えられる里芋も、実は文化の古層からこの風習を下支えしているのでは。六本木にある芋洗坂も、八月十五夜の前になると市が立ち芋を商うこと夥しかったのでその名がついたと、江戸時代の『東都歳時記』は伝えている。お月見には欠かせないもの。

古来より月の満ち欠けは、農事のめやすを人に示した。鋤鍬《すきくわ》をふるうことのない江戸の町の人も、収穫への感謝を月見の行事に込めたのか。人口過密な都市のただ中で、狭い縁先や物干し台に薄を飾り、しだれる穂の向こうに月を眺め、自然と親しい田園への憧れを託したか。百花園の草木の雑多ともいえる植え込みようにも、そうした田園趣味が表れている。

お供えの台の先、月が昇ると思われる方角にも、竹藪や丈高い木が黒々と茂っている。スカイツリーのそびえるのとは、百二十度くらい離れた方角。

「お団子と月とスカイツリーと、三ついっしょに撮るのは無理ね」

「せいぜい二つね」

携帯電話の画面をあちこちに向け、事前に構図を考えるご婦人。iPadを操作する婦人。ご年配ながら、今どきのツールを使いこなしていらっしゃる。

私は藤棚の下にある、縁台に似た長椅子に腰かける。お供えと少し離れて向き合うかたち。正面が黒々した木の影だ。

隣り合わせた七十代とおぼしき殿方は、たいへんな勉強家。パソコンで打ち出してきたらしい何枚もの紙を広げ、

「暦の上では昨日が満月だけど、天文学上は今日が満月」

と私に教える。

後ろの方では、ご婦人が園の係に問うている。

「あと何分くらいで見えますか」

「さあ、そう聞かれましても、こればっかりはなんとも」

係が答えに詰まるのを、「月に聞いて下さいって」誰かが混ぜっ返して笑いに変えた。この軽さとさりげない心遣いで場を和ますのも、私がイメージする江戸っ子だ。

それにしてもずいぶんの人が集まってきている。五十人ではきかないか。勉強家のおじさんが調べてきたところでは、今宵の月の出は午後五時四十七分。私がこの園に到着した頃である。

もう出ているはずだが、木がじゃまして見えないのか。

「まだしばらくは待たないといけませんね」

「昨日来たより待ち時間は短くてすみますよ。一日に三十分くらいずつ早くなりますから」

えっ、そんなに変わるもの!? その上、形も日一日と変化するのだから、昔の人はさぞや神秘をおぼえたでしょう。

農事から遠ざかっても

そもそもふだんの私は月の出が何時かなんて、気にとめない生活している。仕事をするうち日は勝手に暮れていて、でも照明があるから何ら支障はなく、月を目にするといえば、深夜のスポーツジムから自転車をこいで帰るとき。月の出や満ち欠けのリズムとはまったくの没交渉で生きている。

待ちきれず、

「木の向こうへ出れば見えるんじゃないの」

と何人かが枝をくぐって茂みの奥へ入っていったが、順次戻り「向こうへ行けば行くほど見えない」「塀があって」と報告。結局はここがいちばんという雰囲気に落ち着く。

藤棚の周辺にはもう百人以上が詰めかけている。お供えの延長線上に月を眺めることができると期待される方角には、特に多く、携帯電話のカメラを構える手が何十と。十五夜を愛でたい人がこんなにもいるとは思わなかった。

少し前まで、私は内心焦れったかった。夜の屋外、蚊に刺されるし、お腹もしだいにすいてくる。こっちの方へ出てきたからは帰りに食べに寄りたい浅草の釜飯屋さんも、気にかかる。月の見えるのをじゃまをしている木の先っぽ五メートルくらいを切りたいと思うくらい。けれど、

「あ、いい風」「夜はやっぱり涼しいわね」

人々のやわらかな身じろぎや囁き声の中にいるうち、心持ちはしだいに変わってきた。服の下の汗もいつの間にかひいて爽やかだ。子どもを肩に載せて、木の上に月が見えるか

と問うている親。「待っているとね」「なかなかね」。江戸の縁先、物干し台もこうだったかも。

『絵本江戸風俗往来』に書いてあった。「蘇子舟に乗じ明皇殿に遊ぶ十五夜の月、彼岸団子軒なみ家なみの取り遣り」。蘇子は詩人の蘇東坡《そとうば》、明皇は唐の玄宗と、注に。

「なんでここで蘇東坡、なんでここで玄宗?」と私は不思議で、美文調をついきどってみたくなったものと解釈したが、それは浅い読みだった。

隣国のいにしえの詩人は優雅にも舟上で、皇帝は壮麗な宮殿で楽しんだという十五夜の月。私たちは、軒を接する家々で団子を遣り取りしながら愛でるのです。対比のうちに、庶民の月見をおおらかに歌い上げたのだろう。

知るも知らぬも心ひとつに月の出を待っている。私にははじめての体験だ。こういう時間もあったのだ。

郊外に遊ぶ季節

プロペラの音に見上げれば、赤いランプを点けた機体がひとつ、またひとつ。新聞社のヘリか。スカイツリーと満月とを写真に収めようとしているのでは。今日はスカイツリーの完成後、初の八月十五夜だ。

「あれ、月じゃない？」

誰かが大樹の中ほどを指す。木の影の幅の半分はある白い光が、枝々を透かして見えている。

左には中層マンションが建っていて、その三階にやっと並ぶかどうかの高さでも、あの幅は街灯の光ではない。

「あんなに低くにあるとは」

「昇りたての月って、あんなに大きいのね」

溜息に似た声がそこここで。

「広々した原っぱなら、あれがまるまる見えるんでしょうね」

「そう、地平線から最初に顔を出すところから」

だから江戸の人は、この季節、郊外に遊ぶのを好んだのだろう。

「月はま上じゃなくて、斜めに昇りますからね。右の竹藪あたりに出ますよ」

物知りおじさんの説明に、感心してうなずく人々。なんだか落語にありそうなシーン。

私は月の低さもさることながら、光の強さに驚いている。枝々の間から漏れ出る光は、まるで白い液体のようで、左のマンションの外階段の照明よりもよほど濃い。マンションの灯の方がずっと近いのに。遠くにありながら、どんな人工物も及ばない明るさだ。

おじさんの言ったとおり月は少しずつ位置を変えて、竹藪の後ろへ移動する。梢に接する空がほのかに白ばむ。しなだれていた竹が風に吹かれて身を起こすのも、わざと気を持たせるかのようだ。

ヘリはもう何台も頭上を飛び交っている。明日の朝刊は各紙とも、満月とスカイツリーの写真だろうか。あの数は新聞社だけではなさそう。個人でヘリをチャーターし空中遊覧する人が、この不況にもいるのかも。

江戸時代も元禄の頃までは、大川に舟を出す人も多かったという。昔水上、今は空。地上のここ百花園では、人々が月に向かって手を伸ばし携帯を構えている。ｉＰａｄのおばさんは、月の出の刻々近づくさまを動画で、しかもナレーション付きにて撮影中。私の心のつぶやきも実況中継ふうになる。

あと少し。竹よ、しなれ、しなれ、しなだれよ。もっと低く、左右に分かれよ。その間から来たあっ。明るい、白い、まん丸い！

午後七時五分過ぎ。待つこと一時間余にしてついに対面したそれは、夏のあの、蒸し暑さが頭上にとどまり半透明に濁った夜空にかかる、赤く湿った月とはまるで違った。あくまで白く、張りのある輪郭で、煌々と照り輝いていた。

私は感じた。季節がまぎれもなく秋になったのを。同時に知る。江戸の月見団子の丸さ、白さ。それは満月の相似形であったと。

十三夜も欠かさずに

われに返って、月見の歴史をざっと整理してみましょう。中国から月見の風習が入ってきたのは平安時代、貴族の間で観月の宴が流行したのは、高校の古文の授業などから、なんとなくイメージできるかと思います。

一方で竹取物語には、月の顔を見るのは忌むべきこと、とかぐや姫がたしなめられるシーンもある。同様のことは源氏物語でも言われ、物語中いく人かの女性が八月十五夜前後に死んでおり、神秘的な美の中に不吉をおぼえる感じ方もあったようだ。

貴族の催す観月の宴も、大沢の池に舟を浮かべるシーンを思い出すように、水面に映った月を愛でつつ楽器を奏で和歌を詠ずるといったふうで、月そのものを眺めるのとは、趣を異にしていたのでは。

今のようにお供え物をしての月見を、庶民がするようになったのは江戸時代からという。八月十五夜の他、後《のち》の月と呼び、九月十三夜にも月見をし、これは中国にはない日本独特の風習らしい。

『絵本江戸風俗往来』の記述では、この日も月見団子を作る。数は十三夜に合わせて十三個。十五夜の団子は餡で食べるが、十三夜ではきな粉で食べると、微妙な区別をしている。また、十五夜で団子をご馳走になったら十三夜にも必ずご馳走にあずかる、十三夜を欠くことを片見月と言い忌み嫌うが、これは江戸の風習とも書いている。

わが俳句の歳時記の説明では、十五夜の芋名月に対し、十三夜を豆名月や栗名月と呼ぶとあるが、『絵本江戸風俗往来』には記されていない。

著者によると江戸には他に、七月二十六夜の月を見る行事もあった。この夜の月は出るとき光が三つに分かれ、これぞ弥陀三尊の現れ、拝まばやとする人が、高台や海のそばなど眺望のきくところへ集まったと。このへんになると農耕民族の素朴な月崇拝に、仏教の信仰が加わっていそう。

二十六夜待ちのどんちゃん騒ぎ

ただこの二十六夜、月の出の時間は相当遅く、夜中になる。待つ間人々は宴席を張り、鳴り物や踊りを楽しみ、今ふうに言えば芸者さんを上げて、料亭は大繁盛。屋台も出てたいへん賑やか。芝高輪から品川まではわけても盛んだったという。奢侈を禁じた天保の改革以降はめっきり廃れたそうだから、月見を口実にどんちゃん騒ぎをしたかったのではという気もする。

花見をはじめ羽目を外す機会は少なくなさそうなのに、江戸の人はよほどどんちゃん騒ぎが好きだったのか、折々に発散しないと持たないほど、日々の暮らしが楽でなかったということか。ちょっとのことで命を落とす危険も今よりずっと多かったろうから刹那主義になるのもわからなくはないが。

平成の百花園に立ち返れば、藤棚周辺に集まっていた人々は夜空に昇った月を見届け、散開していくところ。お供えの団子の味を知りたくて、さきほどは寄らずに過ぎた言問団子の売店へ行くが、同じものはない。お月さまだけのためのものだった。

浅草の釜飯屋に電話して炊きはじめてもらい、隅田川沿いを車で走る。言問橋を渡りながら振り向けば、後方のスカイツリーがあんなに近く、あんなに大きく輝いて。

光の色が変わることを、このとき知った。幾千もの綾取り糸を束ねたような骨組みが、銀から藍に、紫に。このあたりに住む人は、毎晩あの姿を目にし、あの光に抱かれて眠るのだ。控えめに裾を引く細腰の塔の足もとで。

スカイツリーを私ははじめて優美と感じた。同時に、その孤独を想像する。自分より高いもの、振り仰げるもの、頼れるものは何もない。それでも立ち続け常にまっすぐに背すじを伸ばしていなくては。

膝を折ることがあるとすれば、戦災かよほどの自然災害か、いずれにせよこの首都が機能を失うほどの打撃を受けるとき。そんなことは起きない、起きていないと身をもって示し、人々の心を安らげるためにも、変わらず静かに立ち続ける。

それまで知っていたスカイツリーとはまったく違う建造物に思われた、満月の夜でした。

月今宵そびゆるものを塔といふ　葉子

名月や煙はひ行く水の上　嵐雪

月天心貧しき町を通りけり　蕪村

芋茎《ずいき》煮てこよひは足りぬ小望月　也有

各家で拵えたお月見のお供え
（『江戸府内絵本風俗往来』国立国会図書館蔵）

五　火事と喧嘩が華なのは

【火事】空気が乾燥し風が強まる十月あたりから、江戸では火事が多くなります。俳句では冬の季語。火の見櫓、寒柝《かんたく》、夜廻り、番屋、半鐘台、消防車まで。あれほど頻発したのに、古川柳・俳諧には火事や火消しを詠んだものが少ないようです。

この頃の江戸：炉開　べったら市　恵比須講　勧進相撲　紅葉狩

十月最初の亥の日

十月下旬、東京もようやく薄ら寒くなり、ホットカーペットをつける日も出てきました。江戸では例年、旧暦十月の最初の亥の日から火鉢、炬燵《こたつ》を使いはじめたと、『絵本江戸風俗往来』にある江戸。城でこの日火鉢を出したため、町人もそれにならったらしい。

この本の十月は、火事についての記述がたいへん多い。十月にあてた頁数のうちの半分近く。

はじめは奇異に感じました。これまで読んだところから、月々の年中行事を書いた本という気でいたので。

十月も行事があることはある。商家にとって大きなお祭、恵比須講。恵比須講に用いる品を売るために前日立った市が由来のべったら市。それらを覗くつもりでいたが、火事の記述のこの分量は無視できない。記述の多さはすなわち、江戸に暮らした著者にとっての比重の大きさを示すはず。

「火事と喧嘩は江戸の華」なる言葉もある。年中行事でこそないがこれも、いや、これこそまさに江戸の「風俗」なのだろう。

平成の私の日常では、火事なんてめったに見ない。夜、家にいて消防車のサイレンを遠くに聞くことが、たまにあるくらい。

父の住むマンションでは年に一回消防訓練が行われる。消防署から消防車が来て、消防隊の人の指導のもと、「火事だ！」と叫びながら消火器を使うまねをする。父に代わって私が参加しているが、「火事だ！」と声を出すのが照れくさい。その台詞を演技でなく口にすることは、おそらく一生ないでしょう。なくてほしい。

ビル火事などがニュースで映ると、炎は見えず、濃い煙が窓という窓から噴き出ている。建物も中のものにも化学製品の多い現代では、炎以前に煙に含まれる有毒ガスがあると聞いた。

火そのものを、暮らしの中でほとんど目にすることがない。私の家ではガスコンロだけ。ＩＨ調理器、床暖房など今ふうの器機を備えた父のマンションでは、皆無である。

歳時記をめくってみると、それでも火事は冬の季語。火の見櫓《ひのみやぐら》、火の用心、なんと消防自動車まで、昔の人の生活感を律儀に受け継ぎ冬の季語とされている。

深川に移った材木置き場

行事などを追体験し、江戸の暮らしに思いをはせてきたけれど、火事ばかりは「なってみる」わけにはいかず。代わりに考えつきました。

火事といえば消防。東京消防庁の消防博物館なるものがあり、江戸の火消についても展示されているらしい。そこへ行ってみるのがひとつ。

二つめは深川江戸資料館。江戸の町屋が実物大で再現されているそうで、そこに身を置いてみる。

というわけでここからは、『絵本江戸風俗往来』を片手に、再現された江戸深川の家並みを歩きつつ、博物館やその他の資料で知ったことを思い出しての話になります。

深川江戸資料館の展示スペースに足を踏み入れれば、そこは巨大な吹き抜け空間。私がいるのは階段のいちばん上で、手すりの向こうに屋根屋根屋根を見下ろす。瓦屋根と板葺き屋根の混在だ。二階建ての家や、同じ高さの土蔵も交じる。

ひときわ高いのが、展示スペース奥の火の見櫓。黒っぽい板で囲まれて、側面に窓が設けられ、戴く屋根は二層式。上層に半鐘が吊してある。あれで火事を知らせるわけか。

それにしても抜きん出た高さ。私のいるのは一階で、家々は地下に建っている。だから屋根を見下ろすのだが、火の見櫓だけは目線より上、二階の天井につかえそう。あれを収めるため、吹き抜け構造にしたのでしょう。

排気ガスのない江戸時代、空気は澄んで今よりはるかに視界が利いたはず。ネオンもなかった頃のこと、夜になれば町は暗く、火の見櫓の下の甍の波は、黒々した海さながら。そこへ一点、赤い炎が浮かんだら、遠くでも目立ったに違いない。

申し遅れたが、ここは幕末近い天保年間、一八四〇年頃の深川。地下鉄で来てしまうとわかりにくいが、隅田川を渡った東側。この前お月見をした百花園のある向島が、おおまかに言って浅草の対岸とすると、こちらは日本橋京橋あたりの対岸になる。埋め立てを繰り返した今は海岸線はずっと南に下がっているが、かつてはここが隅田川の河口。

この町の歴史からして、火事が関わっている。干潟の漁師町だったこの地が、江戸の市街の大火をきっかけに材木の町へ。江戸城の外堀工事が完了したばかりの、寛永十八（一六四一）年のこと。せっかく整備しつつあった市街地は、灰になってしまった。延焼の原因が日本橋と京橋の間に積まれていた材木だったため、隅田川の先のこの地へ、材木置き場が移転してきた。

江戸の経済が発展するにつれ、経済の中心地である日本橋、京橋の対岸にあって水上交通の便もいい深川は、蔵と堀割の町となり、材木置き場はさらに東の入り江へと越していった。資料館の冊子に詳しく、これからもときどき参照します。
階段を下りれば、お、ここは大店《おおだな》ですね。瓦屋根の二階建て。立派な格子がはまってい
て、額縁付きの看板には「下鰯魚〆粕魚油問屋」と。干物や昆布〆、粕漬けなどの店では
ない。燃料と肥料の店。鰯《いわし》からとった脂は主に行灯に使われ、絞りかすを肥料にしたとい
う。

店の並びに、瓦屋根の土蔵がある。

瓦屋根と土蔵で守る

瓦屋根は不燃化への努力の表れだ。『絵本江戸風俗往来』の著者は、江戸の火事が大火
になりやすいわけを、木造の家の密集にあるとする。わけても板葺き屋根は火の粉が飛ん
でくると、容易に燃え移り、それがまた風にあおられ火の粉を散らし、勢いを増す。出火
してすぐ消し止めない限りは、手の下しようがなくなると。

毎年十月下旬から火事が頻繁に起きたというが、それは暖房を使いはじめるからだけで
なく、気象条件のためもあるようだ。この時期、東京は……ではなかった、江戸は乾燥し、
季節風も吹く。

江戸時代一の大火として知られる、明暦三（一六五七）年に起きたいわゆる明暦の大火は、ずっと雨が降っていないところへ烈しい風にあおられ、二日間昼夜を分かたず燃え広がり、武家屋敷、町屋の多くを焼き、江戸城の天守閣まで灰にした。死者十万人以上ともいわれている。関東大震災による東京市の死者七万人、東京大空襲の死者十万人超であることを思うと、いかに大きな火事だったかが知れよう。しかもこの頃の江戸はまだ百万都市になっていない。その年の江戸の人口は七十八万人だったと推定されており、何人にひとりがこの火事で命を落としたか。

犠牲者を減らすには、建物の耐火性を高めること。そのひとつが瓦屋根。瓦屋根の導入をめぐっては曲折があったようだが、民の福祉に力を入れた印象のある吉宗がここでも活躍、武家屋敷で用いられた瓦屋根を町屋に許可した。享保五（一七二〇）年のことである。でもなかなか普及はしなかったらしい。

「瓦葺きは板葺きと違って重いから、家の方がそれに耐えられるものでないと。ある程度、お金持ちの家になりますね」

ボランティアとおぼしき説明係の女性。たしかに。

土蔵も耐火性があり、大きな商家は持っていた。江戸時代の取引は、現金払いより掛け売りが中心。帳簿は命の次かその次くらいにだいじ。まっ先にそれを投げ込んだのでは。

『絵本江戸風俗往来』によると、町屋の人は近くで火事と聞いたならただちに状況を見定めて、風向きが悪く窓や店先から火の粉が飛んできたらすぐに支度し、土蔵や穴蔵をまず塞ぐ。駆けつけた人に頼んで弱者を逃がし、自らは屋根へ雨のごとくに降りかかる火の粉を払い、いよいよ家に燃え移ったら、火に囲まれた中をかろうじて抜け出すという。

出入りの左官が火中に飛び込み、土蔵の戸を閉じ目塗りをすることもあるという。いくら壁は耐火性でも、隙間があっては何もならない。

そうまでして守っても、後で自分のところが火元とわかると、焼け残った土蔵の戸を開け、わざと火を入れ燃やしたと。「法にはあらざれども世間への申しわけなり」。

江戸の人の倫理基準を垣間見る思い。世間とのつながりの中で生きている、世間に許されてこそ生きられる、世間内存在である人としての意識。

話が堅くなりました。

土蔵と並べて書かれている穴蔵とは、床下に掘っておくもの。土蔵よりは簡単に作れそうだが、家を建てる前から設計に入れねばならず、長屋住まいの人にはこれも無理そうです。

この燃料と肥料の問屋の前には、防火用水もある。木でできた三角の被いの下に、手桶が六つ、樽が一つ。樽は私が中に隠れられそうなほど大きいが、汲んではかけることを思

うと、

「これだけ？」

の感は否めない。防火栓ではないのだ。溜めてある分が尽きたらおしまいなのだ。

「今の消火器くらいのものですね。ほんとうの初期消火」

さきほどの説明係。この女性はたいへん気が利く人で、ついて来ることはない代わり、立ち止まった私が口を開けて振り仰いだり首をひねったりするたび絶妙なタイミングで近寄り、コメントする。

「江戸時代の消防は、水をかけて消すという考え方ではないんです。燃えるものをこわしちゃう発想ね」

そのようにして延焼をくい止めるのだ。

長屋はとても燃えやすい

問屋さんと通りを挟んだ向かい側はお米屋さん。ここも瓦屋根の二階建てで土蔵を持った、なかなかの大店だ。

深川江戸資料館の楽しいのは、家の中に入れること。私もちょいとおじゃまします。

米を搗《つ》く道具のある土間を経て板の間に上がれば、突き当たりがへっつい。ここで炊事をするわけか。

隣が畳の間。行灯に長火鉢が置いてある。

火事のことを考えていると、家じゅうが火の元だらけに見えてしまう。調理、暖房、照明のいずれにも火を使う。熱源、光源は他にない。

その上、周囲は燃えやすいものばかり。へっついのすぐそばに障子、行灯の後ろに屏風、行灯そのものが木の枠に紙を張ったものだし、家からして主に紙と木でできている。

へっついの上には荒神様を祀る棚、「火除御守」のお札もあるが、それらもまた可燃物。ある方がいいのかどうか……。

防火用水は、ほんとうにそこここにある。ちょっと歩けばすぐ当たる。

「私の子どもの頃は、コンクリートの防火用水槽がありましたよ。いつ頃からかしら、見なくなったのは」

六十代とおぼしき説明員が、遠い目をする。

私の記憶にもかすかにある。おそらく消火器がそれに代わった。駅やビルの通路など、いろいろなところに備えつけられている。初期消火がだいじなのは、昔も今も変わらない。

問屋さんやお米屋さんなど通りに面しているのが表店、奥に入るとすなわち裏店。時代小説でおなじみ長屋の世界だ。

こちらの屋根は板葺きで、文字どおり長い家を壁で仕切って、それぞれに人が暮らしている。屋根に火の粉が燃え移ったら、ともに焼け出されてしまう、いわば運命共同体。その上トイレも井戸も共同なら連帯感も生まれようもの。江戸では七割の人が長屋住まいだったそうです。

棒手振《ぼてふ》りさんの家におじゃまします。政助さん、二十二歳の独り者。浅蜊《あさり》、蜆《しじみ》の行商人。看板や表札を出すのではなく、障子にじかに「むきみ　政助」と墨で書かれているのに驚く。

長屋の障子は、借りる側持ち。自分で買って入れないといけないのだ。だからこそ名前を書けるのだが。

障子といっても、部屋の中の仕切りではない。外との仕切り。四畳半にへっついでは、仕切るほどの広さはない。そんな狭い住まいでも、へっついの上には荒神様の棚が。

部屋の二方が壁ではなく紙とは、冬はどんなに寒いだろう。酒で体を温め布団を被って寝るしかない?

畳もまた借りる側持ち。政助はまだ買えず、板の間に筵《むしろ》を敷いている。

お隣さんはやや暮らし向きが上で、畳もちゃんと入っているし、箪笥《たんす》に行李《こうり》、仏壇まである。

どの部屋のどんな小さな台所にも、火伏せのお札、鶏の絵馬、狼の護符、何らかのお守りが貼るか掛けるかしてあって、江戸の町の人の信心深さが知れるよう。

政助の部屋で仰向けになる。こういうところで半鐘に耳を澄ませつつ眠りにつくわけか。煤けた梁、天井。へっついの煙を出すところがないものな。

江戸では長屋の路地にまで、さまざまな惣菜を売りに来たという。おかずを買ってすませる人が、それだけ多かったわけで、昔の食事すなわち手作りみたいに思っていた私ははじめ意外だった。

が、この部屋に寝転がっていると、うなずける。台所の機能の問題、住環境への影響、防災上の観点からも、家の中での煮炊きにそう積極的になれなかったのでは。

風呂敷の有用性も、俄然クローズアップされてくる。泥棒の持つような大風呂敷がないと心許ない。半鐘を聞いたら、布団をはじめ所帯道具を手当たり次第くるんで逃げられるように。

臥煙、加賀鳶、いろは組

裏店を出て、火の見櫓の方へ行く。その周囲だけは家が建て込んでおらず、ちょっとした広場になっている。火除け地といい、延焼を防ぐためのものという。二八そばと天麩羅の屋台が出ていました。

火の見櫓は、十町にひとつ設けられていたという。高さ約十メートル。それより簡素な、自身番の小屋に梯子を立てて半鐘を吊しただけのものは、一町ごとにひとつあったとのこと。

炎が町を舐めていくように広がる様子が描かれている（『江戸府内絵本風俗往来』国立国会図書館蔵）

火の見櫓が建てられるようになったのは、吉宗のとき。後に述べる町火消の設置と、いろは組への編成をさせたのも彼で、消防施策を推し進めた人といえるでしょう。

ただし経費と人は町が負担。火の見櫓を建てるお金も、火の見番も火消も町で出す。

火の見番は常に詰めていたのではなかったようです。風鈴を火の見櫓に吊しおき、鳴ったら風があるわけだから、上がって監視体制をとる。風鈴とは頼りない気がするが、理にかなってはいそう。

早々と見つけても、すぐ町じゅうに知らせられたわけではない。幕府の太鼓が鳴らない限り、半鐘を打てなかったという。

江戸の消防組織は複雑で、『絵本江戸風俗往来』の著者も誤って記し、現代の編者に注を付けられているほどです。

大きく分けて三系統ある。いろは組で知られる町火消に、武家の火消が二系統。ひとつは幕府直属の定《じょう》火消。そちらはそちらで火の見櫓を構え、火の見番を常に置いている。臥煙《がえん》と呼ばれる火消専門の人足も持っていた。年じゅう法被一枚で通し、消火にあたるときは素っ裸になったそうだから、寒さ知らずで暑さ知らず。その上、総身に彫り物をしていたというから、勇ましくまた荒々しく。

武家の火消のもうひとつは、各大名の抱える大名火消。定火消とはだいぶ趣を異にし、「火事具の美々しきは、定火消の及べる所にあらず」「人数至って多く、火事羽織、錏頭巾《しころずきん》等の装い美しく人目を驚かしたり」と『絵本江戸風俗往来』に。

大名火消といえば、歌舞伎にも出てくる加賀鳶《かがとび》。やはり目立っていたらしく、正月の梯子乗りをしたのが、著者の印象にも残っているようです。

しかしその麗々しい装束、火事場でどれほど役に立ったか。袖の焼け焦げが気になりそう。なまじ道具が立派なだけ、他の火消からやっかみを受けないか。

町火消のいでたちは、ひたすら木綿を重ね着する。腹掛け、股引、下筒《したぎ》袖に、刺し子袢《はん》纏《てん》、刺し子の手袋、頭巾は重ねて被り、足袋もまた「よくよく重ねてよく刺したるを用ゆ」という念の入れよう。素っ裸になる定火消の臥煙とは、対照的だ。

臥煙と違い彼らはふだん仕事をしており、火事となったら迅速に出動。「半鐘一点響くや、妻たるもの夫の身支度に力を添え、早きを専ら、夫の家を出づるやこれ今生の別れの覚悟は、さながら武士の戦場へ向かうと同じ」。武士が刀を抜くことのない太平の世に、町人ながら命を賭した務めに赴く、昂ぶりが伝わってきます。

持ち場をめぐる争い

半鐘の打ち方は火事の遠近によって違い、間合いをおかず連続した音になると、町の人は避難をはじめる。火事が迫っていることを知らせるものだ。長屋住まいの人は特に、長屋がどんなに燃えやすいかを知っているので、持てるだけのものを持って逃げる。

文字どおり火急の報せ。なのに、定火消の太鼓を上位とする、差を付けていいのかどうか。

たしかに火の見番が常に詰めている火の見櫓の方が、理屈では発見は早かろう。町の火の見櫓の半鐘を無制限に打てるとなると、火事でもないのに鳴らす輩が出る可能性があるとも言える。

火の見櫓の側面には窓があると、展示スペースに入って最初に書いたが、四方についているのではない。三方のみ。江戸城を向く方にはつけてはいけなかったと、説明係の女性は言う。江戸城を見下ろすのは不敬だからか安全上の問題か。火の見櫓の機能としては不充分で、身分社会の弊害をここにも感じる。

そこまでするなら火の見櫓を町に建てさせず、幕府で統一的に管理運営する方がいいように思います。

消防組織が三系統あれば、混乱や衝突も当然起こる。一応の分担はあったらしいが、市街地まるまる舐め尽くさんとする火の前で、線引きしてはいられない。消すのに有利な場所を争い、喧嘩が絶えなかったという。競争心もはたらくでしょう。

町火消にとっては武家と対等に張り合えるチャンス。日頃のうっぷんのはけ口ともなった。町火消どうしも喧嘩して、消防活動そっちのけで鳶口《とびぐち》を振りかざし合うこともあったという。

火事と喧嘩は江戸の華という言葉を、私は勘違いしていた。火事は火事、喧嘩は喧嘩、それぞれ江戸によくあるもので、喧嘩がそれほど多かったのは、威勢がよく見栄っ張りな江戸っ子らしさという意味かと。

火事と喧嘩は別々ではなく、セットになっていたのですね。

しかしお互い火に巻かれたら勝ちも負けもない、喧嘩している場合かと言いたい。火事が多いのは諸条件から仕方ないとして、消防組織が整理されていたら、もう少し効率的にくい止められていたのでは。

家を壊して延焼を止める

火消といえば纏《まとい》です。

私はあれが消火の際何の役に立つのか、前々から疑問だった。紙の吹き流しまでついていて、屋根の上で振り回しては、かえって火の粉をあちこちへ散らすようなものではと。

纏は戦場における旗印のようなもので、組の持ち場を示すらしい。延焼をくい止めると決めたところの屋根に立って持ち、ここから先は自分たちが消すと宣言する。

火消道具には水をかけるものもあったが、どちらかというと纏持ちにかけた。火の粉と熱から纏持ちを守るため。消防博物館に展示されていたが、ところてん製造器のような水鉄砲、木箱にシーソーふうの棒のついた簡易ポンプで、火を消す効果は期待できない。

町火消の身支度が木綿をひたすら重ねるのは、吸水性をよくするため。が、水を含むと重みは出そう。

纏そのものが重い。二十キロ以上あるという。屋根の上で踏ん張り、火の粉の降りかかるのをものともせずに振り回して、組頭から下がれの命が下るまでけっして退かない纏持ちは、勇敢なる火消の象徴で、ある種のヒーロー。務めを果たし、木遣りを歌って悠々と引き上げるさまは、まさに男の花道で、下世話だがさぞや女にもてたでしょう。

活動の内容は。

「燃えるものをこわしちゃう」と説明係の女性が言っていたとおり。消防博物館にジオラマで再現されていたが、消火現場というより解体現場のようである。

わっとばかりに家にとりつき梯子をかけて屋根に上り、踏んで重みでつぶしにかかる。解体の道具もいろいろ。鉤《かぎ》に柄のついた鳶口はものに引っかけることができ、天井や屋根を壊すのに使った。Uの字の金具が長い棒の先についた大刺又《さすまた》は、数人で持って柱に突進し押し倒すのに使ったという。鋸も使った。大工道具のようなものばかり。

鳶と火消が私の頭の中ではごっちゃになっていたが、ようやくわかった。鳶は普請に関わる職人。町火消は仕事についている人から成る。家を壊すのが消火なら、家の造りや急所を心得、これら道具の扱いに慣れた人を、おのずと頼るようになる。

壊す範囲は、火事の勢い、風向きといった状況から町の組頭などが判断したという。住む方は否やもない。ここと決まってしまったら寄ってたかって壊しにかかる。障子や畳を入れたばかりの長屋の人でも、所帯道具を風呂敷にくるんで逃げ出すのがせいいっぱい。

家を諦めねばならない点では、表店の人も同じだ。

宵越しの銭を持たないのは

私はこれまで、江戸の人の蓄財性のなさに少々呆れていた。お祭の出し物のようなたった一回しか使わないものに、あんなにお金をかけなくても、と。女房を質に入れてでも、と言うくらいとんでもなく高い初物を食べたがる、ある種の享楽主義、刹那主義にも。

が、火事を思えば少し共感できる。貯め込んだところで、どうせ燃えてしまうのだ。それくらいなら楽しいことに景気よく使おう。

深川に材木置き場を持ってくるきっかけとなった大火が一六四一年。明暦の大火が一六五七年。二十年の間もない。江戸に住んでいれば十年に一度は焼け出された、日本橋辺りの局地的な火事なら二年に一度はあったとかと言われる。

「宵越しの銭は持たない」という言葉に表される消費ぶり、将来設計の欠如といった心性は、火事によって育まれた（？）のでは。

お寺詣で、お宮参りをしょっちゅうしているのもうなずける。再現された深川の家には、表店裏店を問わず、いろいろなお札が貼られていた。「火除御守」、「疱瘡守」、インフルエンザの御守りと解説員が言うものも。御幣に似た赤い紙が藁で編んだ笠のようなものに下げてある。紅花には殺菌効果があったため、この赤がインフルエンザ除けになると信じられていたのだと。逆に言うとそれくらいしか、インフルエンザに対する手段はなかった。富を誇る大店でも。

疫病といい火事といい生命や財産を脅かすものに、江戸の人は今よりずっと無力だった。驚くのは復興の早さ。『絵本江戸風俗往来』で、土蔵や穴蔵の戸を閉ざし、屋根に降りかかる火の粉を払い必死の防衛をしていた人は、家に火が燃え移るに至って避難。それもしばしで家が完全に焼け落ちたら、あちこちがまだ燃えている中駆け戻り、余燼を消して蔵の戸を開ける。焼け崩れた木や瓦が山をなしているのを、早速道路へ運び出し、その一方で出入りの大工や左官がもう資材を荷車に載せてくる。壊しやすい家は、作りやすい家でもあるのです。

煙や熱の残る地面を板塀で囲って、仮小屋を建て、そうこうするうちにも知り合い縁者が炊き出しの握り飯や味噌汁、生活に必要な品々を持ってくるというスピーディーさ。家を失うことを前提とした備えと相互扶助の関係が、ひとつのシステムとして機能しているような。

今のわれわれには家を建てるなんて一生に一度あるかないか。江戸の人は何度も再建する。江戸城からして、開府のときのままの姿ではないのです。

大火はまた、町づくりを進めるきっかけにもなりました。延焼をくい止めるための広場である火除け地、広小路が市街に設けられたのも、明暦の大火以後。軍事上の理由で橋のなかった隅田川にも橋を架け、避難路を作ると同時に、隅田川以東の本所、深川を開発し、市街地を拡張していった。

明治維新、関東大震災、昭和の戦災とそれぞれに次ぐ町の再編で、江戸東京は大きく姿を変えたことを、前作『東京花散歩』で昔からの花の名所を訪ねて知った。が、それらのエポックに限らない。江戸時代から幾度もスクラップとビルドを繰り返してきたのです。

そうしみじみと感じた、十月の江戸でした。

遠火事や読みさしの本枕べに　葉子

引越した晩からお七やけになり　古川柳

十万の亡者がうかぶ回向院　柳多留

土蔵の見へる木がらしの果　武玉川

六　歳末近き酉の市

【お酉さま】十一月の酉の日に行われる鷲《おおとり》神社の祭礼。縁起物の熊手市を商う市が立つ。蒸した八つ頭をおかめ笹に通した頭の芋も。季語に、酉の市、熊手、一の酉、二の酉など。年によっては三の酉まであり、その年は火事が多いといわれます。

この頃の江戸：顔見世狂言　七五三　子犬の小屋作り　寒行僧　雪見

顔見世の頃

朝晩が寒くなりました。立冬はとうに過ぎています。季節がようやく暦に追いついてきた感じ。

『絵本江戸風俗往来』の十一月は、早くも雪。一尺積もれば大雪としたそうで、何でも楽しむ江戸の人、北国の人に笑われるのを承知で、隅田川に舟を出し雪景色を愛でています。寒いのにご苦労さまなこと。

往来の激しい町の通りは積もる暇がなく、路上はぬかるみとなったとか。その道を、師走の迫るこの月は脛をあらわに駆け回る人も多かったと。

忙しい中でも芝居の顔見世は大賑わい。十一月朔日から十二月の半ばまで、浅草の猿若町の江戸三座は恒例の顔見世興行を打つ。著者によると年に一度、役者さんの等級がちょうど相撲の番付のように定まり、顔見世で「これから一年、この顔ぶれでいきます」とお披露目する。

初日の十一月朔日は、歌舞伎におけるお元日。『東都歳時記』の註釈によれば、前夜からお客さんが木戸の前に詰めかけ押し合いへし合い。午前四時に一番太鼓が鳴る。雪のときもあるでしょうに、寒いのにご苦労様なこと……このフレーズ、二度目でした。私は寒さに弱いので。

木戸の中へ入ればそこには、ひと足早い春が来ていたに違いない。

顔見世の他、人々が浮き浮きと出かけたのが「酉《とり》のまち」。「酉の市、また酉の祭という」と著者の注。「まち」は「まつり」の転訛らしい。十一月の酉の日に行われる鷲大《おおとりだい》明神《みょうじん》のお祭だ。酉の日は十二日ごとに回ってくるので、少なくとも二回、年によっては三回ある。

今の足立区、葛西花又村の鷲大明神でも行われるが、浅草の鷲大明神こそ参詣客が夥しいと。何といってもそこは、観音様も芝居小屋も吉原の遊廓も近いからだろうと、著者は分析しています。

ふだん閉ざされている吉原の門も、この祭の日に限って開放し自由に通れるようにしたという。男は憧れの吉原をとくと眺めることができ、女は目当ての役者を見に芝居小屋へと、利害が一致したのでは。

田圃の中の「見栄の場所」

当時そこは田圃のただ中。にもかかわらず参詣客は、力を入れておめかし。着物に綺羅《きら》を飾り、髪の結いようから履き物までよくよく吟味、それは「見えの場所があるによるなり」と著者。気どって出かける場所があるから。

祭で売られる物は「熊手、芋頭、粟の餅、熊手の簪《かんざし》」だったという。神社の内外に露店が満ちていて「皆この近隣なる農家の商《あきな》うことにて、質朴のさまおかしかりし」と。質朴のさまにふれるのも、この祭の情趣だったようです。

そう、熊手。東京の人に「お酉さま」と親しまれ、冬の風物詩として首都圏ニュースなどに映像の出ることもある熊手市。歳時記でも酉の市は冬の季語となっている。言い替えとして、お酉さま、酉の町詣、一の酉、二の酉、三の酉、熊手市、熊手、頭の芋、おかめ市など。

実は私はよく知らなかった。生まれ育った鎌倉では、神社では鶴ヶ岡八幡の存在が圧倒的。そこで毎年行われる流鏑馬《やぶさめ》の方が、よほどなじみのあるくらい。

浅草の鷲神社を数年前たまたま通りかかったときは、鳥居にかかった扁額を「わし神社?」と読んで、同行の人に「おおとり神社」と訂正されたのだから恥ずかしい。

境内の左手は観光バスが十数台は停まれそうな広い駐車場。

「お酉さまの日には、熊手の店でここがいっぱいになるのよ」

と聞いて、其角の句をかすかに思い出す。

春を待つことのはじめや酉の市　其角

其角は江戸に生まれ育ち市井の宗匠と呼ばれた人で、町のようすもたくさん詠みました。どう春を待つ気分なのか、お酉さまを知らぬ私にはなかなかイメージできないのでした。浅草の鷲神社のホームページによると、祭はなんと午前零時の一番太鼓にはじまって、昼夜を分かたず二十四時間えんえんと続くらしい。二の酉の日に行くことにする。何時頃がいちばん酉の市らしいのか。

子どもの頃から東京の人に聞くと、

「昼間って印象はない。お酉さまといえば少なくとも夕方、暗くなってからよ」

日没の少し前、十六時半頃着くよう出かける。

鷲神社で繁盛祈願

地下鉄入谷駅から歩くと、前方に四車線はありそうな通りが見えてきた。そう、たしか神社は広い通りに面していた。

近づくと、通りの歩道に黄色い提灯が下がっている。あれはすでに酉の市がらみ？目を疑ったのは提灯の下にできている人の列。鳥居はもっと左側、まだ五百メートルくらいある先のはずだが。列に沿い右へ右へと視線をずらす。いったいどこまで続いている？ 四、五人が横に並んでなおこの長さ。入場待ちの列でなく、何か特別なお祓いをしてもらう人の列だと思いたい。

根性のない私は早くもあきらめかけた。江戸人になってみるための散歩だが、何も歯を食いしばってまで「なってみる」必要はない、江戸の人の楽しみを追体験できれば、というのがそもそもの趣旨なのだから。

とりあえず入れそうかどうか見てみよう。列のあるのと車道を挟んで反対側の歩道を、神社の方へ。鳥居の前に屋根付きの朱色のゲートが立っており、左右には白い提灯が塀のようにぎっしりと。ひとつひとつに店名や会社名らしきものが書かれている。祭に協賛する人がこんなにも多いのだ。

ゲート中央には「浅草酉乃市御本社　開運　鷲神社」の文字。酉の市は開運のお祭かと、遅ればせながら知る。

車道には小型バスくらいある警察の車が止まり、拡声器や笛で交通整理。消防車も待機している。

列は鳥居の左側にもできていた。こちらの方が短そう。信号を渡り最後尾につく。そこはお寺の入り口前。鷲在山長國寺、別名「酉の寺」とある。ご本尊は「鷲妙見大菩薩」というそうだ。かたや神社、かたやお寺。隣り合っていてどちらも鷲。もとはひとつだったのだろう、明治の神仏分離で別々になったのだろうと推測する。

お寺は待たずに入れる状況。隣の賑わいぶりに比して、少し気の毒なのでした。

列にいるうち日は暮れた。頭上の提灯の黄色が際だつ。仰げば夜空に小さな星。

周りは家族連れが多い。子どもはこの混雑の中はぐれたらたいへんとばかり、親やじいちゃんばあちゃんの手をしっかりと握っている。彼らの背丈では、先は見えまい。何があるのかわからぬまま大人といっしょに待っている。この感じ、初詣に似ているかも。鶴ヶ岡八幡宮にいちどだけ大晦日の夜から行った。

寒い中、足がくたびれたな、帰りたいな、でも辛抱すれば何かいいことがあるのかもと期待しながら、大人たちのコート、手袋に囲まれて。この子たちにも、お酉さまの何たるか以前に、そうした体感がまずお酉さまの記憶として残っていくのだろう。年中行事とはそういうもの。もう少し冷気が深く息が白かったら、よけい雰囲気があったでしょう。

右手前方の車道には白いテントと看板が。「古熊手納所」とある。去年のはここへ持ってくるのか。そういえば年々少しずつ大きい熊手に買い替えて、商売のますますの繁昌を願うとニュースで言っていた。

左手から人々を分けて熊手が登場。露店の出口にあたるのだ。

鯛、お多福の面、松といった飾り物が付けられて、表からは竹の骨組みが見えないほど。たいへんな厚み、そして重みもありそうだ。持ち手は太い青竹の筒。顔の前で両手で握り、扇状のところは頭の上にし運んでいく。ほとんどの人が飾り物を正面に向けて。

松でなく梅を配したものもあり、その梅も紅あり白あり。飾り物は少しずつ違う。会社の名の書かれた札を挿したものも。名を入れてもらえるのは、特別ご利益がありそうでうれしい。

熊手の大きさを誇る

大きい熊手は、やはり周囲の視線を集める。高く掲げて運ぶのでぶつかるはずはないのだが、それでもなんとなく左右の人は後ろへ退く。持つ人は心なしか胸を反らせて誇らしげ。かっこつけの江戸っ子なら、かなりいい気分だろう。

重みにゆっくり揺れながら、人々の上を漂うように遠ざかる。

列は少しずつ進んでいる。「入口こちら　静かにお進み下さい」の幕が歩道の上に。じきに鳥居だ。

二方向からの人の群れがひとつになるが、ぶつかったのぶつかられたのと騒ぎが起きないのは心和む。これまで訪ねたどの祭もそう。殺伐としたものがあったら、人の集まる行事に私は行かなくなったと思う。

待機している警察の車には、こちらに向けて「振り込め詐欺撲滅」の垂れ幕。わかる気がする。お詣りの人には善男善女が少なくなさそう。

鳥居の前到着。案外と早かった。三十分待っただけ。三十分を「だけ」と思うところが、平成の日常とは違う時間感覚にすでにして入っている。

ゲート下の両側の台には、白い衣と袴をつけた若者がひとりずつ。通る人の上で白い御幣を振っている。お祓いか。地下鉄駅から歩いてくるときも振っていた。これもなかなかたいへんそう。御幣につけた鈴の音が、頭上でする。

鳥居をくぐれば境内は、思わず目と口を丸くするような、きらびやかな異空間。参道の両側に熊手の店がぎっしりと。熊手を並べた台の後ろに、白い布が張られて壁をなし、布がそのまま続いた天井は高く、夜空を隠してしまうほど。そこにきらきら飾り物を満載した熊手が架けられて、上に行くほど大きくなる。それらを照らすライトが、ひとつの店にいくつも煌々と。鳥居の外も提灯あり、ビルの窓あり、車のライトありと、ふつうの街の明るさだったが、それよりさらに光度が高い。

福運を「掻きこむ」

米俵も金、大判小判も金。松の緑、梅の桃色、鯛の赤。輝きと彩りに溢れ、万華鏡の中に迷い込んだようだ。近づいて見たいが、その前にお詣り。参道に並ぶ。

「酉の市は鷲神社の春を迎える神事祭礼です」「来年の福運を掻きこもう」と呼びかける幕が、参道の上にあり、神事であって単なる熊手の販売会ではありませんよ、来年の福運を祈ってまずは拝みましょうねとのメッセージを発している。

脇の露店の軒先には、「売約済」の札の下がった熊手がちらほら。買った人の名も書かれ、近くの老舗の飲食店のなど、半畳ほどありそうな大熊手だ。

「たいしたもんだね」

「うちならあんなの、そもそも玄関から入らないよ」

列の人から感嘆の声。権勢を示すいい機会。引き取りに来るのを遅く、なるべく多くの人に目にふれさせるのがいいわけで。

「売約済」の札の広告効果をたのみ、社名とともに「大ヒット御礼　〜シリーズ」と商品の名を書いたものも。元都知事で近々ある国政選挙に出る人のも。こういう宣伝の仕方もありか。

かと思えば、政治家の似顔絵と「年内選挙」の札を立てた、時事熊手、風刺熊手というべきものも。「ノーベル賞」「国民栄誉賞」「巨人軍日本一」などの札には、早くもこの一年を振り返っている感がある。

どこかで「よお〜っ」、かけ声に続き手締めの音。また一本、成約か。太鼓やお囃子も鳴っている。

参道をさらに進むと、正面と左右に白い提灯が並んでまばゆいばかり。浅草の名店や「浅草のれん会」とそのものの字も見える。不況でもこれほどの提灯が出るところに浅草の底力を見る思い。祭にはお金を惜しまぬ心意気というか、昔からの堅い結びつきというか。

突き当たった社殿の前には綱が張られ、臨時の設置とおぼしき鈴が横一列に下がってい

る。その下にこれも臨時とおぼしき賽銭箱が、鈴の綱と同じ幅に白い布を掛けて。左右では警備員が、

「列の途中から投げないで下さい」

「前の人がいなくなってから投げて下さい」

ひっきりなしにマイクで呼びかける。投げるとはお賽銭のこと。

ようやく番が来て、二礼二拍手一礼。社殿の中を覗く暇はなかった。

参道の脇にそれて振り向けば、本殿に続く渡殿でお囃子をライブ演奏している。提灯の塀の向こうに夜空が開け、区立病院の建物と「老人保険施設」の文字が浮かび上がっていた。

入院中のお年寄りに、賑わいは届くだろうか。暖房でくもった冬の窓越しに、お囃子や太鼓、手締めの音や威勢のいいかけ声の混じった、人込みのざわめきが。かつて大人に手をひかれお酉さまに行った夜の記憶をよみがえらせる人もいるのかも。

誰にでも子ども時代と、それからの短くはない月日がある。

なんてことを思う私も年をとったものです。来る年よかれと、社殿脇の札所で熊手の御守を買いました。

粋にご祝儀、三本締め

さて熊手市だ。参道の社殿に向かって左側に展開している。前来たときのだだっ広い駐車場はたしかになく、熊手店で埋まっていた。参道の脇にあるのと同じ作りの露店が幾重にも、迷路のごとく入り組んでいる。境内外に百五十店が出るそうだ。

どの店も値札はついていない。交渉により決まるという。値切った分だけご祝儀として店に置いていくのが、江戸時代からの粋な買い方と、神社のホームページにあった。結果として店の言い値になるわけだが、お客はちょっとお大尽の気分を味わえ、お店も儲かった気分になれ、双方めでたし。交渉がまとまると、手締めで客の家内安全、商売繁盛を祈る。そうした遣り取りが、酉の市の楽しみであり、江戸の情趣を今に伝えるものらしい。

さきほど私が札所で買ったのは、神社が売っている熊手御守。お店のは縁起熊手。御守は定価制で、千円からありました。

縁起熊手は相場がわからないのが、初心者には難しいところ。バブルの頃は百万円の熊手が飛ぶように売れたとも聞く。

後ろの二人連れが話している。

男「あれくらいが、サイズ的にはいいんだけどなあ」

女「同じくらいの、さっき人が買って帰ってた。おじさんがすれ違いざま、いきなり聞いてるの。それ、いくらしたって」

私は振り向き、

「で、何て答えてましたか」

思わず反応してしまってから、

「すみません、私もそれが謎なもので」

女性の言うには、「笑っただけで行っちゃった」。男性と私は肩すかし。それもまた粋のうちでしょう。

話がついてか、熊手を降ろしてもらっているところには居合わせた。買い手に、和服で日本髪を結い、白塗りの化粧をした女性。同様の綺麗どころさんと三人だ。飾り物のあれを付けて、これも付けてと注文し、

「私の携帯ストラップみたい。じゃらじゃら」

「ほんと、じゃらじゃら」

飾り物はカスタマイズできるらしい。

お多福面、米俵、大判小判、千両箱、枡、恵比寿大黒、七福神、宝船、鯛、鶴亀、松竹

梅、注連縄《しめなわ》、鳥居。考えつく限りのめでたいもののてんこ盛りだ。首飾りにもなりそうなきらきらの玉で作った御神輿を載せたものも。

一方で、笊《ざる》にお多福面のみというシンプルを極めたものもある。笊と熊手は竹製品つながりか。「近隣なる農家の商うことにて、質朴のさまおかしかりし」なる『絵本江戸風俗往来』の記述を思い出した。

売り手は店に数名はいる。紺の法被に豆絞りと、神輿を担ぎそうないでたちだ。法被に、埼玉や千葉の市町名を染めてある人も。江戸東京の拡張に伴い、「近隣」も外へと広がっているようす。

「××さんの家内安全、商売繁盛を祈って、よお〜っ」に続いて三本締め。間に「さあさあ」「そりゃそりゃ」「繁昌繁昌」といった囃子詞が入る。手締めのときは、数名以上の売り手が総出だ。

ある店では、四本一度に売れていた。グループ会社に各一本ずつ置くらしい。前半が同じで後半が少しずつ違うカタカナの会社名を、熊手屋さんは紙に書いてもらい、舌を嚙みそうに読み上げる。買ったのは、部下を何人も引き連れた男性客。背広の人が揃って手締めをするようすは、東証の大納会のよう。手締めがすむと、売り手が挨拶。

「ありがとうございました〜。よいお年を」

縁起物の八つ頭、粟の餅

年の瀬なのだなあ、ここはもう。神社の外でもじき、そのあいさつを交わすようになるのだ。

それにしても熊手は、飛ぶように売れているとは言い難い。大きなものほど残っている。熊手市そのものが、境内や境内までに比べて空いている印象。よその店の手締めを聞く人は、少し羨ましそうだ。

そばの店では白髪に鉢巻きのお爺さんがパイプ椅子でうたた寝。午前零時からはじまるのだ、疲れも、眠くなりもしよう。お婆さんたちから、

「どんなのがいいの？」

「予算、言ってみて」

と言われて、かえって足を止めづらい。午後六時。こんなにまだあって、だいじょうぶか。

熊手市の一角では、震災復興支援のチャリティーオークションを開催中。五千円からなかなか上がらない。五千百円で落札。

「六千百円いただきましたあ」

の声がして、昔ながらの熊手の買い方に通じる粋を感じた。

熊手と並ぶ酉の市の売り物として『絵本江戸風俗往来』に載っていた「芋頭」は見つけられず。神社のホームページによると鳥居をくぐってすぐ右手に一軒だけ残っているらしいが、熊手に目を奪われていた私は見落としてしまったか。

芋頭は蒸した八つ頭。人の頭に立つ、すなわち出世できる、さらには一つの芋からたくさんの芽の出るように子宝に恵まれるという、やはり縁起物。

「粟の餅」は色や形が小判に似ていて、富を招く。商う店は今はなく、江戸時代からの餅菓子としては切山椒が、境内外の数店で商われているそうで、求めて早速食べてみる。短冊形のやわらかな餅で、生姜糖に似た味がする。山椒は葉や花、実、幹、樹皮とすべて利用でき益があるということで、これまた縁起物。

切山椒をはじめ熊手以外のものを扱う露店は今、境内外に七百五十ほどあるという。

切山椒と熊手御守を手に、元の入谷駅へ。向こうからは人が続々と来る。これから熊手を買う人がまだまだいそうで、ひと安心。酉の市は二十四時まで続くのだ。

すれ違う中には、古い熊手を持つ人も。熊手市では青かった竹の柄が黄色くなっているところに、一年という時間を感じる。この人々、来たる年への願いを込めてひと回り大きな熊手を買うのだろうか。

市の起こり

ところでなぜ酉の日、なぜ熊手？　家に帰って調べてみる。

鷲神社のホームページでは、古事記の有名エピソード、天の岩戸と関係して説明されていた。岩戸の前で舞われた際、弦という楽器を司った神様がいて、岩戸が開いたとき弦の先に鷲が止まったことにより、鷲は世を明るくする瑞象の鳥とされ、弦を持った神様を天《あめの》日鷲命《ひわしのみこと》と呼ぶようになった。諸国の土地を開き、開運、殖産、商売繁盛の神様として、鷲神社に祀られていると。鷲が尊いのはわかったが、酉の日と熊手については次の段。これも古事記の有名キャラクター、日本武尊《やまとたけるのみこと》が東征の折、この社に立ち寄り戦勝を祈願した。志を遂げての帰途、お礼参りをしたときに、武具の熊手を社前の松にたてかけた、それが十一月の酉の日であったと。鷲神社の祭神は、天日鷲命と日本武尊です。

江戸の酉の市の発祥である、葛西花又の大鷲神社（こちらは「大」の字がつきます）は少々違う。十一月の酉の日が日本武尊の命日だからと。祀られているのは日本武尊。ただし明治以降に祭神とされたという。

酉の日にこの神社に詣でる人は、ほんものの生きた鶏を奉納したと、『東都歳時記』に書かれている。祭が終わると鶏は浅草の観音様の境内に放たれた。

言われてみれば境内に、鳩に交じって鶏が放し飼いされている神社はときどきある。鶏を神の使いとする習俗は、大鷲神社に限らない。すると酉の日がだいじというのも、なんとなくうなずける。

葛西花又の大鷲神社の酉の市、なんと十四世紀末頃からあったという。江戸の町ができる前だ。

おかめの面がついた熊手をかつぐ町人(「江戸自慢三十六興　酉の丁銘物くまで」歌川豊国、歌川広重画、東京都立中央図書館蔵)

思い出すのは世田谷のボロ市。あれもはじまりは江戸時代より前。今となっては懐かしい日本史の授業に出てきた、中世の楽市に由来する。戦国大名の保護のもと、自由に取り引きできたというものです。戦国大名の保護がなくなった後、世田谷のそれはいっとき衰退したものの、農具市、さらには古着や古道具を持ち寄る市として続いてきた。

酉の市は門前市である点で、世田谷のボロ市とは違う。が、そこで商われる熊手は武具でなく、農具と考える方が自然な気がする。

江戸時代になってもそこは町から三里の田園地帯。『東都歳時記』の注によると、そこへ出かける町の人はちょっとした行楽気分。冬菜畑に枯れ葉が散らばり、丹頂鶴や雁がついばむさまを「奇観」と見ています。めずらしかったのです。

道ばたで商われるのは、川魚海魚の塩漬け、芋やみかんなどの農産物、黍もろこしの切り餅、古着、小間物、よろず鉄製品、笊、竹熊手。

もともとは農家の人が集まっていただろう酉の市も、その頃には、村で作られる品を町からの人が買い、町の品も村の人相手に売られたことでしょう。古着や小間物なんぞは、町のがおしゃれで魅力的と、村の人の目には映っただろうから。

熊手や笊は単なる日用品ではなく、町の人は魔除けになるとして、熊手のかたちをした笄や簪まで土産に求めた。熊手や笊にもともとそういう縁起物としての性格があるのか、御守好きの江戸の人による付加価値なのかは、民俗学の領域になる。

私が言えるのは酉の市が、農村と都市との接点だったのだなと。そもそも市は、互いにない品を交換する場。この日に参詣して神仏と縁を結ぶと特にご利益があるとされるのが縁日。そして市は、たくさんの人の集まるところに立つ。酉の市が酉の祭と同義語なのは、市や縁日の原型を思わせ興味深い。

想像があちこちに行ってしまったが、はじめての酉の市で印象的だったのはやはり、境内に入ったときの、ときならぬ花が咲いたようなきらびやかさ。威勢のよい手締めと「よいお年を」の挨拶。師走はまだでも、新しい年にひと足近づくような。
春を待つことのはじめや、という其角の句が、ようやく実感できました。

大熊手ゆらりゆらりと人のうへ　葉子

芋頭鳶や落せし酉の市　抱一

田の中は霜月ばかり町となり　古川柳

ちつぽけな熊手買うほど負け残り　古川柳

七　お正月を迎える

【正月迎え】お正月を迎える準備は、江戸ではほぼひと月かけて。節分が元旦より前に来ることもありました。暦の上では節分の次の日から春。現代の歳時記では春夏秋冬の他に、新年だけの巻を設けるほど、季語がたくさんあります。

この頃の江戸：事始　煤払《すすはらい》　歳の市　元旦　雑煮祝ふ

十二月八日が「お事はじめ」

忙しかった年の瀬も過ぎてお正月。俳句の歳時記では「冬」「春」と別に「新年」の巻を設けていることをさきに述べました。正月ならではの風物がそれほど多いということ。今はマンション住まいの実家では、輪飾を模したリースを玄関ドアに掛け、プラスチックの型に入った鏡餅を食卓に据えて、元旦の昼近く起き出し、お雑煮とおせち料理とで祝う。特別なことはそれくらい。

母が世を去り十数年。父が年とって「お正月たるもの、こうでなくては」みたいなこだわりがなくなったのと、準備する役の私もおっくうになったのとで、どんどん手抜きに。父がお酒を飲めなくなったため、お屠蘇までついに省略。お正月迎えの支度といえば、おせち料理とお餅を予約し、暮れの三十一日にデパートから取ってくるくらい。

それに引き替え江戸の人は、早くも十二月八日から準備をはじめています。いつもの『絵本江戸風俗往来』によると、この日を「お事はじめ」とし、武家、町人とも家業のかたわら正月の支度にかからざるを得ず、そのことのはじめのしるしにこの日特別の味噌汁を飲むそうです。里芋、蒟蒻、人参、大根、牛蒡、焼き豆腐、赤豆を入れたもので、けんちん汁に似ておいしそうだけど、これらを具とするのは一年のうちでもこの日のみ。その汁を飲んで皆、「小児に至るまで正月に近きを知り、油断少しもあらず」とたいへん気を引き締めています。

この日以後、煤払、節分、年の市、餅つき、門松の飾り付けと行事が目白押し。しかし十二月八日なんて松がとれるまでほぼひと月。一年の十二分の一をお正月関連に費やし、通常業務に支障がなかったのかと心配になりますが、みんながそうなら怖くない、という感じでしょうか。

松飾は蔦に頼んで

無事新年を迎えた江戸の町は、どんなふうだったか。深川江戸資料館でお正月飾が再現されていると聞き、行ってみた。

展示スペースへの階段を下り、家並みに足を踏み入れれば、おお、これが江戸の門松。この町いちばんの大店である問屋の前に、出入り口を挟んで二本立っている。

私たちが門松と聞いて思い浮かべる、三本の太い竹を斜めに切ったものではない。七夕の笹飾にするような細いものを束ね、高さは二階の屋根を越えてなお余る。根元に松の枝を寄せて立て、それをさらに薪で囲んである。ところ変われば品変わる、ならぬ、時代変われば品変わる、だ。

この門松を作るのは、『絵本江戸風俗往来』によれば大店や身分よき町人はお抱えの鳶に頼み、それ以下は自分で用意するが、家業のため手の回らない人の分のも町内の鳶が引き受けたらしい。

思い出した。父は今のところへ越してくる前、いっとき台東区のマンションに住んだが、その正月は玄関前に小さな松飾を立てた。共用廊下とドアとの間にかたちばかりの門扉があったのだ。松飾は門扉脇の柱に結わえ付けられ、聞けば父は、

「鳶に頼んだ」

マンションの隣に、ビルの谷間のようにして残った古い家があり、そこの人が鳶だという。老人が筒袖に目のさめるような緋色の入った印半纏を着て、往来に出した椅子で煙草を吸っているのを、私も見たことがある。

私にとって正月飾はデパート前の出店で買うものだが、もともとは鳶の受け持ちと父は知っていた。ちなみに父は江戸っ子ではなく、明治に東京へ出てきて住みついた人の子です。

資料館の家並みに戻れば、問屋では門松の他、注連飾も軒先にしてある。藁を綯った細

い縄を洗濯紐のように横に張り、藁を下げ、ところどころに白い紙や裏白らしき葉を付けている。輪飾の輪を結ばず、横に連ねたようなもの。というより、輪飾がこれの簡略化されたものなのか。

調達する役を長くつとめながら、改めて由来を考えたことはなかった。

季節の風物の辞典代わりである歳時記で調べると、注連縄は神聖な場所を限って内と外との区別をつけ、不浄の侵入を防ぐしるし、正月に張るのは魔除けとするため。住環境が変わるにつれて輪飾や輪注連にすることが増えた、とある。ついでに門松は、年神様の依代《よりしろ》であり、長寿を願う意味も込められていると。

問屋の向かいにある八百屋の軒先にも注連飾。問屋のような大店ではないが、通りに面した表店です。八百屋の裏の長屋へ通じる木戸にも、つつましやかな輪飾が。

雑煮、福茶、鏡餅

八百屋さんの前を行き過ぎようとして、おっと、店より一段高い板の間にお盆とお椀らしきもの。上がってみるとお雑煮だ。黒の漆のお椀に入っているのは、白い餅がひとつに大根と里芋がふた切れずつに小松菜にすまし汁。餅は四角で焼き目がついている。

うちは関東風の雑煮と聞いていたが、小松菜、かしわ、なると、海苔、三つ葉、柚子の皮。根菜は入っていなかった。『絵本江戸風俗往来』では、小松菜、大根、里芋が定番。つゆは味噌を使うところもあり、餅も湯で煮て用いるところもあり、といったバリエーションだったようです。

お月見の行事でだいじにされていたことからも、昔は里芋って今よりよく食べられていたのだなと思います。

お隣の春米屋（はるこめではなく、つきごめ、です。注文に応じ精米して売ります）さんの座敷にも同じ雑煮が。朱塗りの盆に載っていて、お椀の脇に染め付けの湯呑みが添えてある。後で説明コーナーの展示により、福茶というものだと知りました。これはうちではなかった風習。甲州梅、大豆、山椒を二、三粒ずつ、ところによっては切り昆布を入れて釜でわかす。歳時記や『絵本江戸風俗往来』で補えば、その年の邪気を払うとされ、元日の朝に井戸から汲んだ水で煮る。若水といい、お雑煮もその水で調えたそうです。

私は元日にばたつかなくてすむよう、雑煮の汁は大晦日のうちに作っておいてしまっている。今年初の水で、ということを重んじる江戸時代の人からすれば考えられないかも。

この春米屋さんにはお正月飾がいろいろ。神棚に注連飾。紅白の団子をさした枝も。私はそれを「餅花、餅花」と呼んでいたら館内係に「繭玉《まゆだま》」と訂正された。江戸時代の日本橋のお正月のようすを描いた絵にも、繭玉を持つ人がいると、説明コーナーにある。繭玉は養蚕の盛んな地方の風習と思っていましたが、江戸の文化が農村と切れているわけではないのだなと感じます。

大福帳の下がった壁の後ろには、かの酉の市の熊手が。お多福面と藁だけのついた素朴な熊手も、なかなかよいものです。

お正月ののんびりとした町の様子が描かれている（『江戸府内絵本風俗往来』国立国会図書館蔵）

通りを過ぎて町の木戸にも注連飾。横一文字に渡されて藁の下がったそのようすは、お相撲さんが回しにつけるお下がりにも似ている。

町木戸を出ると堀端で、船宿が二軒並んでいる。酒とちょっとした肴も出す船宿は、商売柄か飾りも人目を驚かす。玄関を入ってすぐ、上がり框《かまち》の酒樽の上に、これは立派な鏡餅。

二つ重ねの丸餅に、橙《だいだい》の実、伊勢海老、松があしらわれ、下に敷くのは裏白にほんだわら、そして床に届きそうなほど長く、幅広の干し昆布。どれだけのだしがとれるでしょう。座敷に上がれば、神棚には繭玉と、横綱の締めるような太い注連縄。箪笥の上には大きな熊手と、俵を積んだ藁の宝船。お正月気分満載にして、豪勢だ。

お雑煮は黒漆の脚付きのお膳に載って、お酒も一本付けてある。白い包みに紅白の水引をかけた祝い箸も。包みのひとつには毛筆で「大だんな様」と書かれ、いかにもめでたく景気がいい。

お隣の船宿にもおじゃまします。飾はお隣同様豪勢。藁でできた宝船は、ここのは俵を積んでおらず、代わりにとても大きくて赤ん坊を載せられそう。

年内に春が来る

柱に「立春大吉」のお札。気づかなかった。他の家にもあったかどうか。正月前に節分が来たということ？

お札の紙は煮染めたような色で古く、ずっと前から張ってありそう。

『絵本江戸風俗往来』では節分は例年十二月の大晦日以前で、ときとしては正月十日以内にあることもあるが「稀なり」と。今の私たちの正月からひと月ほど過ぎると豆まき、という感覚とはだいぶ違う。

節分の次の日が立春。正月前に立春が来ることを年内立春といい、歳時記にも載っていますが、それがめずらしいことではなく、旧暦ではむしろそうなる方が多かったとは意外でした。

堀端の火の見櫓にも注連飾、火除け地の広場にある葦簀張りの茶店にも繭玉が。地味ながら町のすみずみまでお正月飾がされている。

凧揚げの凧が二つの大きな籠に入って、広場に置いてあるのは、凧売りが来ているとの設定なのでした。

『絵本江戸風俗往来』の記すところでは、元日に営業しているのは凧の店だけ。町ごとに一、二ケ所ずつ子どもたちが集まっているのはきまって凧の辻売りだし、軒下に人垣ができていれば凧を商う店。町内の子どもたちが新しい春着に、下駄や草履もおろしたてで、そよ吹く風を喜びながら、われがちに駆けてきて凧を求めると、ほほえましいようすを書いている。立春の空に向かうのは、養生によいとされたそうだ。

家々が立て込んだ狭い江戸の町のこと、子どもたちが往来で遊んではずいぶんじゃまになるけれど「不足いうものなきのみか、高位の君達の御通行を妨げることも比々《ひひ》とあれども、御用捨《ごようしゃ》下さるもありがたかりし」（漢字は本のままです）と、私がそもそも江戸に憧れるきっかけとなった幕末の外国人の記録にある、子どもに寛容なさまが描かれている。女の子たちが興ずるのは羽根突き。羽根を追うとき見上げるかたちになるから、これもやはり立春の空に向かう養生によい遊びとされたのでしょうか。元日の正午近くから羽根突きの音が軽やかに響き、凧のうなりも加わって「実に豊かなる御代とこそ知らる」「その笑声、江戸市何れの町にも聞こえたり」と、しみじみするような平和と安けさ。

初登城の風景

裏店へ回ってみましょう。春米屋の職人、秀次さんの家では、戸口に門松。大店の問屋さんのと違って、竹はなく松の枝だけを柱に結わえ付けただけもの。神棚には小さな鏡餅が。三味線の女師匠、於し津さんの家の軒先には注連飾。棒手振《ぼてふ》りの政助さんの家には残念ながらそれらしきものは見当たらず。長屋の家々の正月飾は、暮らし向きによってさまざまです。廂《ひさし》と廂がくっつきそうな狭い裏店。自分のところで飾れなくても、障子を開ければ向かいの人の門松が見え、それを眺めて正月気分にあずかることができる。

みんなで使う共同井戸には、井戸そのものに注連飾、柄杓にも輪飾がしてある。

若水を汲むときは、そこでもちょっと改まった気分になれる。井戸の斜め向かいの共同便所にも輪飾が。

それにしてもこの厠の戸の低さ。しゃがんでも井戸端の人と目が合いそう。誰が入っているかは、たぶんもろにわかる。

「今日はあの人、しょっちゅうだね。腹具合でも悪いんじゃないかい」

と気づかれもしよう。隠し事なんてとてもできない、隠したところではじまらない。用を足すところまで見られている間柄。長屋暮らしの人の距離感を端的に表すような。

裏店も表店も、雑煮の具は同じでした。『絵本江戸風俗往来』によると、江戸中のありとあらゆる家々、いかなる貧苦の者であれ、正月の三が日、屠蘇は飲まなくても雑煮を用意しないところはなかったといいます。

おせち料理はそう言えば、この町では見なかった。

さて、その町の人たちのお元日の過ごし方は。

ひとことで言えば、ひたすらのんびりしていたらしい。芝居などからイメージする江戸の大晦日は、終夜の掛け取り。江戸時代は掛け売りが基本。つけにして後でまとめて支払うもので、大晦日はその取り立てに夜を徹して、帳簿付けに追われたとか。明け方まで繁忙を極めた後、眠るも惜しみ初日の出を拝みにいく人もありで、元日は凧売り以外「町家両側とも板戸を閉じて、往来すべて一物もなし」という静けさだったと『絵本江戸風俗往来』にある。その閑散たるさまは、「今朝始めて道路の広きを覚えたる」ほどだったと。

寝正月は、江戸以来の伝統的な過ごし方？

いえいえ、それは町の人だけのこと。武家は松の内の間、たいへんに忙しい。元日は未明より起き出し正装し、その年の恵方を拝し、神仏を拝し、親に挨拶、家族で屠蘇を祝う間も、使用人が次々と来て新年の賀詞を述べ、本人もまた御殿へ出仕し、祝詞を奉らないといけない。堅苦しく、また慌ただしく、雑煮の餅も喉につかえそう。私だったら家で枕を高くして、子どもたちの遊ぶのどかな声を夢うつつに聞いていたいかも。

いや、その時代にいたら、頑張って起き出し江戸城のお濠端に行ってみよう。「初登城」は歳時記で季語になっている。挨拶に来る大名や旗本でごった返していたはず。一挙に見物するチャンス！

当時の人も同じことを考えたようで、「江戸城登城風景図屏風」なるものが残っているのだが、そのようすはなんだかお花見のよう。この屏風絵、国立歴史民俗博物館のホームページで拡大して見ることができ、たいへん便利、かつ面白い。

お濠端にいるのは主に待機の供の者たちで、御駕籠の行列が通っていくかたわら、紋付きのまま地面に敷いた筵《むしろ》に座り歌留多（花札？）のような暇つぶしをしていたり、腰に刀をさしたまま肌脱ぎになり相撲（喧嘩？）をしていたり。彼らに交じって女子どもがいたり、僧侶がいたり、ほんものの相撲取りがいたり。風呂敷き包みを肩にくりつけ紙を見ながらきょろきょろしている二人はいかにもお上りさん。もしかして登城風景が正月の江戸の観光のひとつの名物になっていた？　彼らをあてこみ二八そばが来ていたり、酒食を供する屋台まで出ています。要人が一堂に会する日なのに、警備の柵のようなものは見当たらず。

こののどかさ、おおらかさも、私が江戸にひかれるゆえんです。

往来のつくづくひろき今朝の春　葉子

もういくつ上ると雑煮聞きあわせ　柳多留

凧の糸踏んで子供に叱られる　古川柳

鐘ひとつ売れぬ日はなし江戸の春　其角

八　初午の稲荷神社へ

【初午】二月最初の午の日に、稲荷神社や稲荷の祠で行われる祭礼。江戸では灯籠を掲げ、子どもたちが太鼓を打ち鳴らして踊り遊びました。寺子屋へはこの日から通いはじめることが多かったそうです。

この頃の江戸：藪入　太鼓売　梅見　涅槃会　雛市

伊勢屋と並んで多いもの

二月といえば現代では節分の月。江戸時代は節分が十二月に来ることが多かったというから、今月はとうに終わってしまっている。

江戸時代の二月はどんな月だったかといつもの『絵本江戸風俗往来』をひもとけば、商家も職人さんたちも暇な月。空はうららか。鶯《うぐいす》がのどかに啼いて、雪解けの後に緑の草が生えはじめ、梅林の合間に初午祭の幟が見える。そういった景のようです。

この初午祭というものに、もっとも紙幅を割いている。

初午《はつうま》とは？　俳句の歳時記の解説では、二月で最初の午の日に全国各地の稲荷神社やお稲荷さんの祠で行われる祭礼のこと。稲荷の使いは狐なのになぜ馬か。

全国のお稲荷さんの総本社である、京都の伏見稲荷に神が降りたのが初午の日だったから。稲とつくように農業の神様。初午祭ももともとは豊年祈願の祭だった。春ですものね。これから農作業がはじまろうという時節。

それがしだいに出世開運の神様として広く人気を集めるようになった。

江戸に多いものとして「伊勢屋稲荷に犬の糞」と俗に言われる。伊勢屋は店の名で、今の三重県出身の人がよく使った屋号。愛知県出身の人の三河屋。滋賀県出身の人の近江屋もあった。「伊勢屋」と「稲荷」の多さは無関係ではないのかも。遠くから江戸に来た人たちが、この地での成功を祈ってお稲荷さんを信仰した？

たしかに今も都心の例えば銀座のどまん中を歩いていても、ビルの間の「こんな狭いところに？」と思うところにお稲荷さんの祠が立っていたり、ビルの屋上にお移ししてあったりする。別の神様をお祀りしてある神社やお寺の境内のすみに「併設」されていて「あれ、ここ、稲荷神社だっけ？」と混乱することもしばしば。

『絵本江戸風俗往来』や『東都歳時記』によると、江戸はお稲荷さんのないところはないといえるほどで、寺社の境内はむろん、武家屋敷では屋敷ごとに、市中は一町に三五社、とにかく地所があれば必ず安置し地所の守り神としたという。それら、武家屋敷の稲荷から町の裏長屋の奥の稲荷まで、すべて初午祭を行ったというから、ほんとうにそこいらじゅうだったでしょう。

『絵本江戸風俗往来』の伝える、武家屋敷の初午祭はかなり意外。花笠で飾った「地口《じぐち》画《え》」灯籠を数多く立て、お囃子の屋台を邸内にしつらえ、神楽を奏したり手踊りをしたり。夜になるとお侍さんがなんと女装をして躍る余興もしたと。相当大々的だし、はじけている。

初午祭では、武家屋敷は家の前の町人の子どもたちも邸内に入ることを許して遊ばせたといいます。これも驚き。警備上の問題もあり、そのへんは厳しいのかと思っていたが、子どもにあまい江戸の素顔がこんなところにも?

記述を読むと、初午祭は子どもが主役のお祭の感じ。貧家の子どもが狐の絵馬を掲げて戸口に来たら、一銭銅貨や豆菓子を上げたとか、男の子は太鼓を打ち鳴らし笛を吹き、祠の周りではそれが終夜続いたとある。さぞかし賑やかだったことでしょう。

地口画を行灯にして

飾り付けは町人地でもしていた。裏長屋の入口、露地、木戸の外へ染め幟を立て、長屋をはじめ家々の戸口に「地口画」田楽灯籠を掲げたと。

田楽灯籠は想像がつく。串に刺した豆腐のように、一本の細い柱で支える縦長の灯籠でしょう。

「地口画」って何?

地口とは言葉遊びのひとつ。ことわざやよく知られた台詞に音は似ていて意味の違う言葉を作る、語呂合わせのようなもので、江戸時代には流行ったという。「地口画」とはそれに絵をつけた？　それをわざわざ灯籠にした？　イメージがなかなかつかめない。

歳時記の初午祭の説明では、地口画は出ておらず、季語にもなっていなかった。初午で全国的に行われるものではないのだろうか。

調べると、今も初午祭に地口灯籠を立てる稲荷が、二十三区内にわずかながらあるようだ。うちのひとつが台東区竜泉の千束稲荷《せんぞくいなり》。

初午祭に灯籠はかかせない（『江戸府内絵本風俗往来』国立国会図書館蔵）

ここでは初午でなくあえて二の午の日にお祭をする。二月で二回目に巡ってくる午の日。初午は、新暦だと寒すぎて季節感が合わないし、年によっては二月一日や二日に来てしまう。昔から節分前の午日は初午とは言わないとされたそうで、この神社はそれにならっているようだ。
創建は江戸時代の初期、四代将軍の頃と早い。明治維新後、竜泉寺村の村社に定められた。関東大震災後の区画整理で今の場所に移され、戦災で焼けて再建、という歴史をたどっている。江戸時代以来のお祭が平穏無事に続いてきたわけではないのだ。むしろ意識的に昔ながらの仕方で行って伝統を守ろうとしている印象。そこでなら江戸の人の楽しんだ地口行灯なるものが見られそう。

出かけてみることにした。

行灯が点るのは暗くなってからだろうが、それだと地口の字が読みにくいかも。日暮れ前、四時半頃着をめざす。

地下鉄三ノ輪駅から地上に出て、斜めに交わる広い通りの間を行くと、片側にセメントか石かの杭を並べたような囲いが。たぶんあれだ。

正面に回ってみると、おお、こうなっているのか。鳥居の向こうに赤い幟が林立し、狭い境内を埋め尽くさんばかり。

落ち着いて、手前から順に見ていこう。鳥居そのものは、お稲荷さんといわれてふつうに思い描く赤ではない。灰色だ。両側に白の布に黒で「奉納千束稲荷神社」と書かれた幟が対をなして立っている。鳥居の高さをゆうに越す丈で、『絵本江戸風俗往来』の挿し絵そのもの。かつては空に春の雲がたなびき、梅の香りが漂っていたのでしょう。

今は二の午でも梅はようやく咲きはじめ。背景はかすみ雲に代わって、そびえるビル。ビルの谷間に残った神社だ。

千束稲荷に残る「またぎ」

鳥居の下に横長の絵がかかっている。よく見れば箱形で、これも灯籠なのだった。

この灯籠は字はなく絵だけ。狐の面の男女である。赤い小袖を着けた女は、舟の上から振り返り、岸辺の男と別れの場面。顔が狐の点はシュールだが、タッチは写実的でねぶたのよう。

芝居の中の一シーンか。詳しくない私はわからず。後におみぐじ売り場でいただいた説明書によると、鳥居に掲げる灯籠は「またぎ」といい、歌舞伎の場面が描かれるそうだ。

説明書では、灯籠でなく行灯《あんどん》、地口画でなく地口絵と呼んでいて、ここからはそれにならいます。

鳥居の左右、境内を囲う石の柵にも、すでに地口行灯が十ほど飾られている。こちらはやや縦長。紙は白だ。

上半分には必ず、青と赤の波線が平行して横に入っている。紙に水がしみた跡のような不規則な線。

後にいただいた説明書では、平安朝以来の「打曇《うちぐもり》」の模様に倣うもの。家に帰ってから調べた辞書には「内曇」とあり、雲の模様を漉き込んだ和紙で、短冊などに使うらしい。この模様を筆で描くのはたいへん難しいそうだ。

その波線に重ねて上半分に字が、下半分に絵がある。「またぎ」と違いさらりとしたイラストふうのタッチ。

「種まき助六」。絵は、紫の鉢巻きのやさ男が種蒔きしているところ。これはわかる。歌舞伎の「助六」のパロディだ。助六の恋の相手は、揚巻《あげまき》という名の傾城。揚巻助六をもじっている。

「竹にするめ」。竹に烏賊が張りついている絵だ。竹に雀は仙台藩の伊達家の家紋。伊達のお家騒動を題材とする歌舞伎「伽羅先代萩《めいぼくせんだいはぎ》」からとっていそう。そこまでは推測してもその先の「だから、どうした」という展開がなく、肩すかしの感もある。

だじゃれや歌舞伎のもじりなど

「たらいに見かわす顔と顔」盥《たらい》に目をやり、羞じらう女の絵。「互いに見交わす顔と顔」か。浄瑠璃の語りにありそう。

もとになっているものを想像させず、単なるだじゃれのようなのも。「玉を見やがれ」。

玉を見て頭を抱えている男の絵。ざまを見やがれ？

うーむ、江戸の人にどう受けたのか、いまひとつよくわからない。地口→言葉遊び→「ながきよのとをのねぶりのみなめさめなみのりふねのをとのよきかな」の回文にみられるような超絶的技巧を期待してきてしまった私は、その頭をいったんちゃらにして臨まねば。

鳥居をくぐり境内へ。

「こものもろのぅ」。こうのもろのうか。歌舞伎の「忠臣蔵」の憎まれ役、敵討ちに遭う高師直《こうのもろのう》が、殿中で斬りつけられたときの黒烏帽子でこもむしろを被っている。昔、非業の死を遂げた人の亡骸はこもを被せられたそうだから、何かしらの含意があるのだろうか。

地口には、歌舞伎がもとになっていそうなのが結構ある。

「日記かんじょう」。「伽羅先代萩」の悪役、仁木弾正《にっきだんじょう》。月代《さかやき》を伸ばした独特の髪型をした強面の男が、日記をつけ算盤を弾いている。

「持つべきものは帆でござる」。帆かけ舟の絵。「寺子屋」の台詞、「持つべきものは子でござる」から？

「雀道成寺」。舞姿の雀。「娘道成寺」から？

私が知らないだけで、もっといろいろあるのだろう。芝居がいかにポピュラーな娯楽だったかを示しているような。

古典をふまえたようなものもある。

「ふじの巻紙」。「吾妻鏡」で源頼朝が催したと伝えられる、富士の巻狩り？ 絵は藤と巻紙。

「そまのきょうだい」。曽我の兄弟？ 富士の巻狩りで親の敵討ちを果たし、その話は「曽我物語」となって、さまざまな謡曲、歌舞伎に引き継がれた。絵は大工道具と鏡台。

諺のもじりも。

「本より上ご」。論より証拠。絵は本と漏斗《じょうご》。

「虎の絵をかく狐とは」。虎の威を借る狐。虎の絵を描いている狐。そのものの絵をつけてある。

「小犬の竹のぼり」。鯉の滝のぼり。小犬が竹を上っている絵。右に同じ。

「花ころび矢おき」。七転び八起。花の鉢が傾いて、倒れるのを止めたかのように反対側から矢が命中した絵。もじりたいのはわかるが、さすがに無理があるのでは。

「ねたものふうふ」。似た者夫婦。この絵は少々エロチック。襖の陰に布団が二枚重なっている。

批判精神の表現か、と思うものも中にはある。

「鼻は桜木人ハぶち」。花は桜木人は武士。高い鼻に桜を咲かせ、裸の体に黒いぶちのある男。侍の風刺かもしれないが、体の特徴を笑ってはいけないという現代の市民感覚からすると、抵抗をおぼえる。

「とんでゆに入る夏のぶし」。飛んで火に入る夏の虫。褌《ふんどし》に刀をさした男が風呂に飛び込む。慌てた姿といえばそれまで。湯に入るときまで侍ぶるという揶揄ともとれる。

「坊主がひくけりゃ下駄までひくい」。坊主憎けりゃ袈裟まで憎い。寸詰まりの丈のお坊さん。

うがった見方をすれば、少々毒を含んでいるような。

が、ほとんどの地口はそれこそ「毒にも薬にもならない」もの。

しかも短い。「え、それだけ?」と拍子抜けするような。瞬間芸に近い。

絵の方に呆れて力が抜けてしまうものもある。

「胸にうぐいす」。梅にうぐいす。胸にうぐいすに止まられて、迷惑そうに弱っている顔の男。

「目から出た足袋」。身から出た錆。目から足袋が飛び出している。あり得ない!

「木から落ちたざる」。猿も木から落ちる。絵は木からざるが落ちているところ、そのまんま。絵解きというほどでもない。ひとコマ漫画と思えばいいのか。

ひとことでいえば「しょうもな……」で終わってしまうもので、わざわざ行灯にして飾るまでもないのでは、という気が正直する。

笑いとコミュニケーション

「でも」と思い直した。それでいいのだ。それがいいのだと。

前著『東京花散歩』で東京に残る大名庭園を訪ねて感じた。江戸という都市の緑被率を高め、造園技術を向上させることとなった大名庭園。それは大名の私的な空間ではなく、大名どうしの社交の場でもあった。

訪ねてみると園内のちょっとした池や橋、築山にも中国の名勝地の名が付いている。鎖国の時代、中国に行ったことのある人なんていないだろうから、それらがピンと来るためには、漢詩などに親しんでいなければならない。大名どうし連れだって庭を巡りながら、

「あそこが××山です。かの××の詩にちなみました」

と言われたら、

「なるほど、××××とうたわれた風景をほうふつさせますな」

とさわりの一節でも諳んじてみせないと、会話が成り立たないだろう。ある種の教養が

求められるのだ。相手を楽しませると同時に、相手を文化的なふるいにかける装置でもあるようで、なんとなく腰がひけたものだ。

地口行灯には、そうした底意地の悪さはありません。

古典をふまえたものもある。が、もとの古典を知らなくても笑うことができる。字と絵を合わせて、ひとコマ漫画として見てみれば。

地口の内容も、含意があって人を唸らせるものではない。裏も表もない、脱力系の笑い。だじゃれとはそもそもそういうものだった。通じなくても恥をかくのは言った本人。わからなかった相手ではない。

「伊勢屋稲荷に……」と奇しくも言ったように、いろいろなところから来ている人の集合体である江戸という都市。初対面の人と接することも多いだろう。代々同じ土地に住み、人の出入りの少ない共同体にはないコミュニケーション術や人間関係術が必要となる。そのひとつが、だじゃれなのでは。

「糞」のつくほど真面目な私は「恐れ入谷の鬼子母神」とか「その手は桑名の焼き蛤」といった江戸っ子らしい言い回しとされるものに、どうもなじめなかった。深刻ぶるのをかっこ悪いとした江戸の美意識の現れと説明されても、

「恐れ入ったなら、恐れ入った、その手は食わないなら食わない、だけでいい。いちいち

言葉遊びをする必要はないのでは」

と思っていた。が、それは世間知らずの言い分。過密都市でさまざまな人と接する江戸の人は、コミュニケーションがもっとこなれていた?

識字率の支える娯楽

それにしても声による言葉だけでなく、こうして字で書いたのを読み笑えるとは、江戸の人の識字率の高さをいまさらながら感じてしまう。長屋の人まで楽しんでいたというのだから。

初午祭に江戸の町じゅう地口行灯が立っていたなら、その数はたいへんなものだろう。さまざま職業が専門分化していた江戸のこと。だじゃれを考えて売る職業もあったのでは。千束稲荷の地口行灯は今、百基ほど。箱形の行灯の側面には、店や会社、個人の名が入っている。

掲示板に張ってある案内によると、名を入れて境内に掲揚してもらうには八千円。神社や地区の総代に申し込むようにと。「地区の総代」とあるところに、氏子の組織が機能しているのを感じる。

八千円には、お札、お供物、直会《なおらい》費も含むという。直会は、神様に献げたお神酒や神饌を、神事の後で参列者一同がともに飲食する、いわば宴会だ。

別の張り紙には、午の日の神事は本日四時からと。もう終わった頃だ。

本殿にお参りし、おみくじを売っている窓口に寄る。窓口の後方は中の廊下に通じ、日本酒の香が漂ってくる。直会の最中か。

窓口にいる女性は、巫女さんの装束ではなくエプロンをつけたふつうの服装。窓口の中は畳敷きで、ようやく立ち上がれるようになったばかりの赤ん坊がいた。宮司さんの家族だろうか。

境内には三々五々人が現れ、行灯を見ながら話している。やがて連れだって、向かいのお寿司屋さんに入っていった。行灯を奉納した氏子さんたちで、これから寿司屋に場所を移して宴会の続き?

屋台が出るような縁日ではないが、人々の協力で静かに続けているお祭という感じがする。

窓口の女性に聞いたところでは、境内に立てた赤い幟は数年に一度、行灯は毎年作り直すという。

凧絵師の守る伝統

江戸時代の地口を伝えているなら、内容が古くなるわけでもなし、毎年使えそうなのにと思い、説明書きを読んで理解できた。

地口に添える絵は、フリーハンドのようでいて実は元の絵があり、それに忠実でなければならない。描くのは凧絵師の人。現在では東京にひとり、ふたりしかいないそうだ。技術を保つためには、ある程度の頻度で描いていないといけないだろう。また、それを仕事とし生計が立つようでないと、廃業に追い込まれてしまう。そのことも考えて、毎年発注するのでは。

境内に並んだ百基近くの行灯は、地口絵を後世に伝えようとする気持ちの集まりなのだ。行灯に明かりが点く。ひとつひとつに火を入れていくのではなく、どこかにスイッチがあるらしい。一列ずつ点いていく。

白い紙を透かした明かりに、お稲荷さんの幟の赤が揺らめく。江戸の町じゅうがこうであったら、それはさぞかし夢幻的な光景だっただろう。闇に浮かぶ無数のぼんぼりに似て。祠の周りで終夜していた子どもたちの声。貧家の子どももその晩は手に手に一銭銅貨や豆菓子を持って。

「これほど美しいものを私はかつて見たこともなければ、また予期もしていなかった」。昭和十一（一九三六）年二月のある晩、ドイツの建築家ブルーノ・タウトは横手でかまくら祭に遭遇し、燈明を上げた白い雪室で子どもたちが遊ぶようすに感銘を受けている。「誰でもこの子供達を愛せずにはいられないだろう。いずれにせよ、この情景を思い見るには、読者は、ありたけの想像力をはたらかせねばならない。私たちが、とあるカマクラを覗き見したら子供たちは世にも真じめな物腰で甘酒を一杯すすめてくれるのである。こんな時には、大人はこの子達に一銭与えることになっている。ここにも美しい日本がある」（『日本美の再発見』岩波新書）。

それと似た光景が、初午の夜の江戸にはたしかにあったはず。今そこにないはしゃぎ声を耳の中に響かせながら、境内を後にしました。

初午や祠のかげに子らの声　葉子

初午の日から子の目が七つ明き　古川柳

目の明くもいづれ稲荷のいの字より　古川柳

明日から手習いだぁとたたいてる　柳多留

九　寺子屋へ入門

【寺子屋】寺子屋そのものは季語ではありません。初午の日に多く寺入りしました。六歳の年の六月六日に師に就くとよいともいわれ、その日にはじめる子も。師匠ともども、古川柳にはよく読まれています。

この頃の子の遊び：じゃんけん　鬼ごっこ　いも虫ころころ　蓮華の花ひらいた

貸本屋は大はやり

稲荷神社の二の午に地口行灯を見にいき、つくづく感じた。「これを見て笑えるなんて、江戸の人ってほんとうに識字率が高かったのだな」。だじゃれを書いた行灯が表通りはもちろん路地裏にも飾られて、みんなで楽しんでいたなんて。

江戸時代の人々が読み書きをよくしたことは、幕末に訪れた外国人が驚嘆をもって述べています。「日本人のすべての人——最上層から最下層まであらゆる階級の男、女、子供——は紙と筆と墨を携帯しているか、肌身離さず持っている。すべての人が読み書きの教育をうけている」。(アメリカ人ラナルド・マクドナルド、大石学『江戸の教育力』、東京学芸大学出版会)

手紙もよく書いていたようで「手紙による意思伝達は、わが国におけるよりも広くおこなわれている」(同)。「彼らはまた、まるで郵便制の楽しみにふけっているかのように、たがいに短い手紙を書くことが好きである」(イギリス人ローレンス・オリファント、大石学『江戸の教育力』、東京学芸大学出版会)。

読書も好き。高校の日本史にも出てきた『修紫田舎源氏《にせむらさきいなかげんじ》』(柳亭種彦)は全三十八巻合計で四十万部以上売れたとか。当時の人口をざっと今の十分の一と考えて今の四百万部相当か。たいへんなベストセラーだ。

いや、単純計算はできない。当時は本は買って読むのではなく貸本屋から借りて読むのが主だったという。読者数は四百万のさらに何倍も？

ちなみに貸本屋は、文化五（一八〇八）年の江戸に六百五十六軒あったといいます。貸本屋という職業が成り立ち、俳諧師という職業も成り立つほど、文字に親しんでいた人々。町そのものに文字が溢れている。深川江戸資料館に再現されていた下町の風景を思い出せば、店の看板、暖簾、帳場、屋台の幟、提灯、路地裏へ回れば、長屋の住人が表札代わりに障子へ書いていた自分の名、軒先や柱に貼られた厄除けのお札、暦、壁にひっかけてある手拭い、せんべい布団を隠す屏風にも文字。手習いの女師匠さんまで、長屋に住んでいたのだ。

六つの年に机持参で

庶民が読み書きを習う機関といえば寺子屋。『絵本江戸風俗往来』にも記述がありました。いくつかの月に登場しています。著者の言う手習師匠様が寺子屋の先生のこと。いわく、いろいろな技芸の師がいる中でもこの手習師匠様が、江戸にはその数いみじく多く「市中町ごとになき所なく」、男女とも六、七歳から習いはじめる。数えの年齢で書いているだろうから、満にすると五、六歳か。

六つの年の六月六日にはじめるのがよいとされ、この日入門する子が多かった。『東都歳時記』には初午の日が多かったとあり、入門によいとされる日にも流行があったのでしょうか。

『絵本江戸風俗往来』のその日の挿し絵は、幼い子が母親らしき女性と畳に手をついて、かしこまって挨拶しているところ。父親ではなく母親が付き添うのが常だったという。

二人の後ろには小さな座卓と風呂敷包みが。寺子屋で使うものは机をはじめ持参した。硯、墨、水入れ、筆、筆入れ、雑巾、字を練習する紙を束ねた手習草紙、先生に手本を書いてもらうための手本紙。それら一式を文箱に入れて。

菓子も持参する。弟子一同に配るものといいます。そういえば歌舞伎「菅原伝授手習《すがわらでんじゅてならい》鑑《かがみ》」の「寺入り」の場面でもお菓子は出てきた。母親が持ってきた饅頭のようなものを、兄弟子の中でひときわ図体の大きな子がまっさきにかっさらっていく。その子はあだ名をよだれくりといい、隙あらばさぼって落書きなどしていて……。

話がそれました、入門でした。

入門の日に師に納めるのは「白扇一対か、または銭百文より銀一朱を目録に包みて」と『絵本江戸風俗往来』にある。「または」に注目。お金でなくてもよかったの？

何年くらい通ったかというと、『絵本江戸風俗往来』では十二、三歳までとしている。江戸は比較的揃っている方で、地方では人によりもっとまちまちだったらしい。

児童の数は、江戸では多いところで百人余、少ないところでも五十人は下らないという。朝から午後まで預かっていた。

その寺子屋が江戸にどのくらいあったかについては、一千とも四千ともいわれている。正確な数字はないが、今の東京都の小学校の数千三百弱と比べても、かなりの密度と推測される。

手習子蜂の如くに路地から出

誰が詠んだとも知れない古川柳にそういう句があります。小学校に近く住宅地では今もよく見られる風景。蜂の如くに、という比喩に解放感と溢れる元気が表されている。

寺子屋の生徒になってみる……は無理でも、どんなところか行ってみたい。でもそれも難しそう。武士の子の通った藩校や私塾なら地方都市にときどき建物が残っているけど、ふつうの民家や、長屋でも開いていた寺子屋。今はもう……と思ったら、ありました！練馬区の唐澤博物館というところに、教室風景が再現され、実際に使われていた机や教科書などが展示されているらしい。見学は予約制。早速申し込んだ。

住宅街の中にある、和洋折衷のレトロな三階建て。薪を背負って歩きながら本を読む二宮尊徳像に迎えられる。昔の小学校にはつきものだった。

扉を入ると黒々した木の手摺りのある階段。明治の学校で使われていたものという。ここは私設博物館。教育学者で教育史研究家の故唐澤富太郎氏が全国を歩き回り個人で収集した資料のうち七千点余りを展示している。日本の子どもの教育を生活文化の中でたどれるよう、一階が明治大正の学校、二階が江戸、三階が暮らしの道具という構成になっている。まずは二階へ。

いろはから「源平藤橘」

階段を上がって順路に沿えば、何やら板を継ぎ合わせた衝立。黒光りする板に、漢字が左右を逆に浮き彫りされている。

案内をして下さった方によると、これは往来物の版木。往来物とは教科書と副読本を兼ねたような本とのこと。

字は一頁に六つと、ずいぶん大きい。『源平藤橘《げんぺいとうきつ》』という本で、寺子屋でも早いうちに使うものと聞き、納得。いちばん最初はいろはから習うという。

『源平藤橘』はふつうには日本の四大姓、すなわち歴史上一族が栄えた四氏を言うが、往来物の『源平藤橘』は、人の名によく使われる漢字を収めた本だそうだ。切れ目なく詰まっているので文章のようだが「佐藤鈴木高橋渡辺田中伊藤山本中村……」という感じだろうか。

衝立の先に、まず看板を発見。縦長の木に筆で「御家　筆跡稽古所　精光堂」とある。「御家」とは御家流のことか。「精光堂」が寺子屋の名。栃木県の今の真岡市にあったもので、天保十三（一八四二）年開設、五十年間で千人の弟子を輩出した。「精耕堂」の字を用いていた時期もあったという。

寺子屋の看板の現物が残っているのは、非常にめずらしいそうです。

教室の全部を再現するのはスペース上無理なので、前の方の一部。ここは板の間だが、そうとは限らず、畳の間が多かったという。

置いてある机は、小さい、低い。今も書道教室の机は低いものだが、それにしても。子どもが使っていたことを実感する。天神机というそうです。奥というか、教室では前にあたる方にあるひときわ大きな机が師匠の机。そして子どもたちの机は、みんながみんな先生の方を向いているのではない。先生の机に対し直角に置いてあるのもあり、縦横が不揃いなのだ。

机の向きも科目もばらばら

ここに限らず寺子屋は、机の向きがばらばら。全員が黒板を見るように並んでいた学校の感覚からすると、学校ではないかのようだ。

黒板にあたるものはない。黒板の代わりに先生の後ろにあるのは、菅原道真公の掛け軸。精光堂では庭にも祠を設けて天神様を祀っていたという。寺子屋には道真公の像か、さもなくば掛け軸が必ずあった。そう、勤勉を体で表す二宮尊徳が学校のシンボルとなるのは後の世のこと、この時代は学校……ではなかった寺子屋といえば、学問の神様、天神様なのだ。

先生の机と別に、子どもたちの机よりひとまわり大きな机が、教室の脇の方にもうひとつあり、それは副師匠の机。弟子たちがお金を出し合って贈ったものだそうだから、うる

寺子屋では子どもたちが思い思いに勉強したり遊んだりしていた（「文学万代の宝」一寸子花里画、東京都立中央図書館蔵）

わしき師弟愛が感じられる。

『絵本江戸風俗往来』では寺子屋への入門のことを、師弟の縁を結ぶと書いていた。「縁」とはなかなかに深いつながりである。実際師匠は結婚式に呼ばれるだけでなく、弟子が遠くへ旅に出るときは見送りにも来たという。

教室前方の隅には、机が逆さに積み上げてある。欠席者の机だ。天板と天板の間に文箱を収納。毎日下校時そのように机と道具をしまい、翌朝登校してくると出す。人の分まで並べて年長者にほめられたのがうれしく、張り切って夜明け前から来る小さな子もいたそうだ。ほほえましいが、もしかして純な心につけこんで自分は楽をしようとする、よだれくりのような兄弟子もいた？

兄弟子となにげなく書いたが、「姉弟子」

と机を並べることはなかった。女子も寺子屋で学んだが、男子とは部屋を分けていた。七歳にして席を同じうせず、の教えは徹底されていたのだ。

女子の教室のようすを描いた絵がある。ひとつ部屋で、読み書きを習う子、和歌を作る子、香道、琴……。花嫁修業の人もいたでしょうし、そうでなくても教養を身につければ商家や武家の住み込み女中になれるかもしれず、うまくすると奥女中に上がれるかもしれず。そういう道が町の娘にもわずかながら開けていた。

その絵では先生もまた女性。女師匠が多いのが都市部、とりわけ江戸の特徴だったそうです。本で調べたところでは、明治六（一八七三）年に東京府が行った調査があって、それにより浮かび上がってくる幕末維新の寺子屋では、寺子屋の経営者を兼ねた師匠の九パーセントが女性、雇われ師匠の七パーセントが女性だったという。深川江戸資料館の長屋をまた思い出す。裏店では比較的広い、二間続きの自宅で師匠をしていた女性の部屋を。その他の部屋に比べて家財道具も揃っていた。女性が自立できる数少ない職業のひとつ。その時代にいたら私はめざしたかも。

寺子屋再現コーナーへ目を戻すと、子どもたちの机の上には筆、硯、紙。木製の硯を使っている子もいる。石の硯より安かったのだろうか。

折手本をまね反復学習

紙はまっ黒に塗りつぶされて、何の字かまったく読めない。墨を含んで濡れた紙を乾かす間が、子どもたちの遊び時間だった。

先生の机の上にある紙は、字の上に字を書き重ねてはおらず、子供たちの机にあるのが練習としたら、こちらは清書し提出したもの。何て書いてある、國、道、中、内、外、門……？

余白に、先生が直しを入れている。

展示品によると、直しではなく評価を朱墨で記すこともあったらしい。これは年少の生徒の提出物だろうか。一つ一つの字の脇に出来不出来を「梅」「竹」「松」で示し、梅という字を書く代わりに、梅の花の絵を書いてあげているところもある。

先生は、先生用の机で清書を見る他、子どもたちの机を回り、後ろからいっしょに筆を握っての指導もした。

幕末に日本を再訪したシーボルトの息子が、日本の子どもたちと同じ練習を体験している。彼によれば同じ字を紙に何回も何回も重ねて書くので、手習草紙が吸い取り紙のように墨を含み、しまいには黒い固まりになる。それを日に乾かしてまた繰り返す。同じ字をおよそ百回も書くとおぼえてしまい、そうしたら清書をしていいことになる。

彼が「特筆に値する」としている日本人のしぐさは、ある文字の書き方を忘れてしまったとき、考え込まずに指を宙に動かすこと。数回もそれをすれば複雑な漢字も思い出すと。外国人にはめずらしかったのかと逆に驚いたのは、子どもの頃大人がそうするのをよく見たせいだろう。私もそうした。

字を手書きすることがめっきり減ってから、見られなくなったしぐさだ。キイボードで打ち変換で出すことはできても、書かない字は身につかないことも感じている。

寺子屋での学習法は、徹底した反復により体におぼえこませるのだ。

展示物には折手本というものがある。先生がひとりひとりに書いてくれるそうだ。一枚の長い紙を蛇腹状に折りたたんだもので、折り目と折り目の間を一頁とするとそこに一行。手習草紙の脇に置いて使う。机の上で場所をとらないし、すぐ隣で見比べながら書けて、たいへん便利。

往来物は用語例文集

折手本が手づくりの教科書なら、印刷物の教科書が往来物。往信と返信で一対をなす手紙文を収めているのでそう名付けられ、やがて手紙文の形式でないものを含めた教科書全般を呼ぶようになった。その種類七千にも及ぶというから、江戸の出版業界を下支えするジャンルであったことでしょう。

代表的なのが『商売往来』。これは手紙形式ではない。ガラスケースの中に展示されていたが「およそ商売で持ち扱う文字は」にはじまって、注文、証文、算用帳、大判、小判、壱歩《いちぶ》、弐朱《にしゅ》といった商売に必要そうな用語が並んでいる。最後の方で商人の心得を説いているそうだ。切れ目なく続いていることは「佐藤鈴木高橋渡辺田中伊藤山本中村……」式だが、単なる羅列のようで実は、口に出して読むとリズミカルで、調子がとりやすくできているのがわかる。

そう、当時の学習法は、声にして唱えること。シーボルトの息子も述べている。最初はただ読み方だけを暗誦し、意味は問題にしない。

教科書のひとところを先生が指し、児童に読み上げさせるとき使う「字突棒」なるものも展示されていた。煙管《きせる》の先が曲がり、紙に上からぴたりと置くのに適した形。よく考えられている。

書く方は反復練習で、読む方はひたすら暗誦。いずれも体におぼえこませる方法だ。『商売往来』は何種類も出ていて、展示品からそのバリエーションがわかる。本文だけだったのが、注がついたり挿し絵がついたり。時代が下るにつれ賑やかになる。全国に数多くある寺子屋の基本教科書、出版する方はあの手この手で付加価値をつけ、シェアを広げようとしていた？

職人向けには『番匠往来』、農民向けには『百姓往来』という本もあった。寺子屋の授業内容は思ったより多岐にわたり、今でいう地理もある。江戸の地理や諸国の地理。『東海道往来』なる教科書も展示品にある。日本橋、品川といった宿の風景画と説明書きだ。仕事で行くときのためか、行くことはなさそうでも流通などとの関係で頭に入れておくべきことだったのか。

世界地図を載せた往来物も、展示品にあったのは驚き。案内の方によれば、ペリーが来てから寺子屋の入門者は増えたそうだ。危機感が学びの動機となっている。

今でいう歴史の教科にあたりそうなのが、『御成敗式目《ごせいばいしきもく》』『武家諸法度《ぶけしょはっと》』。武士でなくても人によっては知っておいた方がよかったのか。

『庭訓《ていきん》往来』。展示品を見ると、これはレベルが高そう。対をなす手紙が正月から十二月まであり、年初の祝賀状とその返信にはじまって、婚礼の祝いは、養子の祝いは、棟上げの祝いはそれぞれどうするといったように、さまざまなテーマが月ごとにちりばめられ、社交上の知識と社交レターの書き方とが、一年を通して学べるようになっている。

『庭訓往来』は今も出版されており（平凡社東洋文庫）、後で入手し読んでみた。手紙はどうも実例ではなくフィクションのようだ。新年のお祝いの遊宴に招待されて、ありがたいけれど、何々と何々のゲームは不得手なのでご遠慮いたしますといった、現代のビジネスレターの「失礼にあたらない断り方」みたいなことが書かれている。

この『庭訓往来』、なんと室町時代の成立という。日本人て室町時代から、こんなふうに気を遣ってきたとは。

手紙の文例集だけでなく頻出用語集を兼ねているようで、そのための無理というか苦心も垣間見られる。「家で饗応をしないといけなくなりものをお借りしたいのですが」「貸しましょう」というやりとりでは笑った。味噌醬油といった基礎調味料から畳、屛風といった家具調度まで、家財いっさいがっさい借りる気か、と思うほど列挙してあり、用語集としての充実を図るあまり荒唐無稽となっている。

月別テーマは博物館にあったのと必ずしも同じではなかった。長きにわたって教科書とされてきた『庭訓往来』にも、『商売往来』同様、たくさんの種類があるようだ。

道徳から高等数学まで

『庭訓往来』のように成立が江戸時代より前のものを、古往来と呼ぶらしい。教科でいえば道徳にあたる『実語教』もそう。

山高きがゆえに貴からず、という、どこかで聞いた覚えのあるフレーズにはじまり、人間だって太っていれば貴いというわけではない、富は一生の財だが智は万代の財、蔵の中の財は朽ちるが身の財は朽ちないと智のたいせつさを説いている。これはなんと平安時代の成立。

『童子教』というのもあった。生まれながらに貴い人はいない、習い修めて智徳となるのだと、『実語教』と似たようなことを説いている。父の恩は山より高く母の恩は海より深い、という、やはり聞き覚えのあるフレーズもある。成立は鎌倉時代。

この二つが寺子屋ではよく使われたらしい。日本人の道徳のいわば古典。自分の中にも知らないうちに結構入り込んでいる。

子ども向けに挿し絵のついたものも、展示されていた。まじめに机に向かっている子どもと、落書きしたり算盤を振り上げたりしてふざけている子ども。悪い弟子を育てれば師もろとも地獄に堕ち、よい弟子は仏果に至る、と書かれている。仏果と来たか。師は三代の縁ともある。

七尺去って師の影を踏むべからずといった儒教的なことも書いてあり、私たちの道徳の基本には、仏教と儒教が混然となっているのを感じる。

女子だけの道徳科目もある。三従の教えで知られる『女大学』、もう少し易しい『女今川』。

『実語教』の「蔵の中の財は朽ちる」には、学びの目的について考えさせられた。『商売往来』の最初の方の、注文、証文、算用帳といった用語の連なりだけ読めば、寺子屋とは生業上必要な実用的知識を詰め込むところであるかに思えてしまうが、それだけではない。繁盛し「蔵」を満たすのが目的ではないのだ。そのことも併せて教えている。

『絵本江戸風俗往来』の著者もこう述べる。手習いの師は読み書き算盤の他、「修身の端緒」を教えると。江戸市中に筆算から「品行且つは徳義の道を先導するもの、この手習師匠の外にはあらざるなり」といい、寺子屋が道徳教育の役割も担っていたことがわかる。

ここ精光堂では、絵も教えていた。鴨居には子どもが描いたらしい筆づかいの風景画や恵比寿様、鍾馗《しょうき》様の絵が張られ、小学校ふうの趣だ。

和算も教えていた。和算を学びに入門してくるのは大人だった。

和算の教科書で代表的なのは『塵劫記《じんこうき》』。これも現物が展示されている。塵劫記。なんと哲学的なタイトルでしょう。微塵の塵と未来永劫の劫。極小から無限大まで扱う教科。道具も展示されていた。赤または黒で塗られた小さな棒は算木といい、赤は正の数を、黒は負の数を表す。負の数という観念があったとは。

算木を盤の上に並べることで微分積分までできたというから奥が深い。

三合の升と七合の升を使って五合と五合にどうやって分けますか、というような実用に使えそうな出題もあるが、実用と離れてクイズのような遊びとして、和算は江戸時代ブームになった。俳諧ブームは知っていたが、文系だけでなく理系の頭を使う遊びもあったのだ。

俳諧師と同じように全国を旅して教える、算師なる職業の人もいたという。高等数学を楽しむ人が、それだけたくさんいたのだとは。

女性の算師もいたそうです。

教科の多様さ、ものによってはレベルの高さに、すっかり圧倒されてしまった。

個別教育から一斉教育へ

これだけ多様でしかも多数の教科書があると、何を選んだらいいかわからなくなりそうだが、寺子屋では師匠が、膨大な往来物の中から本人の必要に合わせて与えていた。教える内容は、個別なのだ。

江戸の町人のケースではないが、群馬県のある村の寺子屋の例が本に紹介されていて(『図説　江戸の学び』市川寛明・石山秀和著、河出書房新社)、人によってカリキュラムの組み方が異なるのがよくわかる。

ある男子は、人名づくしにはじまり、村づくし、国づくし、五人組の条目、借用証文、関所手形で卒業。別の男子は今でいう一般教養を学んで視野を広げると同時に、難しいことも学んでいて、総合性と専門性を兼ね備えている。具体的にはさきの男子の教科に加え、年中行事、田地売件、東海道往来、妙義、手紙、商売往来、百姓往来、世話千字文だ。ある女子は源平藤橘、村づくし、女今川、別の女子はさきの女子の教科に加え、国づくし、年中行事も学んでいる。

寺子屋で勉強することがこれだけいろいろだと、通う年数も人によって違ったことでしょう。

二階の展示を先に見て、その後一階で明治維新以降の学校のようすを見たが、そこで寺子屋の特徴を逆にありありと感じてしまった。

明治になって変わったこと。まず天神机が椅子と机になる。机の向きもひとつになる。

これは自分の学校時代の記憶の続きで見れば、何とも思わなかったかもしれないが、寺子屋を見た後だととても揃っているという印象を受けた。

机の向きだけではない。何ごとも一斉になる。

教室に入るのも一斉。事前に整列してから、号令に従い行進開始。それもばらばらに踏み出すのではない、右足からと決まっている。席に着くのも、教科書を出すのも号令で。

授業の進め方も一斉だ。維新後間もない小学校のようすを描いた絵が展示品にあるが、その中に黒板と掛け図があった。掛け図とは、教える内容を印刷した紙で、みなに見えるよう大きな字で書かれ、教室の前に掛けて、先生がその脇に立ち棒で指し示しながら授業をした。

すなわち、みなが同じ内容の授業を受けた。それぞれが違う教科書を使い、違う進度で学んでいた寺子屋ではあり得ない風景だ。教育は個別ではなくなったのである。

開国で否応なく「世界の中の日本」となってしまった以上、植民地化されないためにも経済的に支配されないためにも殖産興業、富国強兵は必要で、その担い手として均質な「国民」の育成を迫られていたのだろう。教育を受ける側としては、江戸時代の身分制が取り払われて、社会での縦方向の移動が可能になった。いわゆる「天は人の上に人を造らず」である。

それからすると『絵本江戸風俗往来』の寺子屋の説明に表れている江戸の教育観は興味深い。あの頃は「町民別に文学の入り用もなく、工は工に巧みに、商は商に精《くわ》しければ一家の繁栄世渡りも安楽に出来得るとはいえども、算筆は日用はかならず学ばざるを得ず」、寺子屋に通い「生涯調法する所の算筆を修行して、後工商に従事」した。置かれた身分の外へ出ることは考えず、その身分の者として生きていくために必要な知識と、人としての基本道徳を学ぶためのものだった。さきのカリキュラムの例で見たふたり目の男子のように、人によっては、より広くより高い知識を身につけようという向上意欲を持っていたが、向上の範囲は、身分制の枠内にとどまっていた。

明治になって近代国家の担い手たる「国民」となるという目的が設定された。それなりに安定した身分社会に代々にわたり生きていた人々が、そうした概念をにわかに実感できるものかどうか。

明治維新後も存続

一八七三（明治六）年、国は慌ててアメリカの教科書『ウィルソン・リーダー』を日本語訳した『小学読本』を最初の教科書として発刊している。その速さとそれを可能にした努力は尊敬に値するが、なにぶん急なことでほぼ直訳。ベッドで猫が怠惰そうにしている図に、寝台にいる猫は悪い猫です、といった文章があるが、六年前まで江戸時代でベッドを知らない人々には、文章の言わんとするところを汲み取る以前に、この台、何？ という感じではなかったか。

訳す方も理解していたとは言い難い。野球の図など三人が同時にバットを持ち、かつ球が二個飛び交うという、妙なものなっている。

教える内容も、生活とかけ離れていた。「凡そ世界に居住せる人に五種あり。日本人はアジア人の中なり」といきなり言われても、ついこの前まで外国人を見たこともなく（あるいはいまだ見たことがなく）、国といえば薩摩とか尾張とかのことだと思ってしまう人には、世界やアジアとかいった概念は持ちにくかったのでは。

むろん勉強とは生活と関係するものとは限らない。私も数学は積分で挫折し、必要になったことはいちどもないが、「自分は理解できないけれど、こういうことを研究する学問というものがあるらしい」とうすうすながら感じられたのは、教育の恩恵だと思う。掛算九九のようにわけがわからず詰め込まれ、後で役に立つものはあるかもしれないし、結果として役に立たなくても何かを一生懸命にするのは、だいじな経験だとも思う。

しかし維新直後の小学校では、教えられる内容があまりにも生活とかけ離れていると感じ、通ってみたもののまた寺子屋に戻る人もいた。はじめから寺子屋を選ぶ人もいた。二階に再現されていた栃木県の精光堂も、明治二十八（一八九五）年まで入門者を受け入れ、明治三十四（一九〇一）年まで存続していたという。小学校が設立された後も、寺子屋と並立している期間があった。

そう、歴史は年表上の色分けのように、あるところに線を引き、その線を境にいっぺんに切り替わるものではない。

年表に「明治五年　学制の公布」とあると、そこで寺子屋は消滅し、みんなが小学校に通いはじめたように錯覚してしまうが、そういうのではないのだ。

「立身出世」にしても明治維新をとらえるキイワードのひとつだろうが、身分制の枠組みがふいにとり払われたからといって、みながみな同じ方向をめざしたとは限らない。親の代からの職業に愛着と誇りを持ち、従来と同じ場所での向上を目的に学んだ人はたくさんいるだろう。

知識偏重の教育内容の見直しや、教科書の無償化といった経済的負担の軽減もあり、寺子屋はしだいに小学校へと代わられていく。それにしても明治三十四（一九〇一）年まで精光堂が存続していたとは驚きだ。私が小学校のとき、明治百年にあたる年があった。あの頃はまだ寺子屋で学んだ経験を持つ人がいたのだろうか。

時代はグラデーションをなして移り変わる。

「自然の子」と師弟愛

私がそもそも江戸時代に興味を持つきっかけとなった書『逝きし世の面影』をいまいちどひもとこう。日本の子どもたちについて、幕末の日本に滞在したイギリス人オールコックはこう記す。「イギリスでは近代教育のために子供たちから奪われつつあるひとつの美点を、日本の子供たちは持っている」「日本の子供たちは自然の子であり、かれらの年齢にふさわしい娯楽を十分に楽しみ、大人ぶることがない」。

「自然の子」としてのおおらかさが例えば、歌舞伎や江戸時代の絵に描かれた寺子屋のように、勉強する子をよそに野放図にふるまう方に出ては、どうかとは思う。そのようすだけ見れば、まるで今で言う学級崩壊だが、崩壊とならなかったのは、もともと一斉授業ではなく個別教育だったからかもしれない。

むろん先生も叱った。体罰もあった。水を張った茶碗を持たせ、線香一本燃え尽きるまでの間、こぼさないでじっと立っていることを課した。竹製の鞭も、展示品には残っている。が、さきに述べたシーボルトの息子は、子どもが鞭打ちされるのを見たことはないという。幕末に来た多くの外国人もそう述べている。体罰により子どもを矯正する教育観は、江戸時代の日本にはなかった。日本の子どもは甘やかされていると、外国人の目に映ることはあった。それでも自分の国の子どもより躾けられていて行儀がいいとは、これもまた多くの外国人の述べるところだ。

寺子屋では、師匠をつとめる人が立派だったと、博物館の方は言う。『絵本江戸風俗往来』によれば、「師たる人質素にして而して親切」、入門の日より弟子は「師をわが親の如く敬い、師は弟子たる子供を子のごとく愛す」。夏には七夕の詩歌を色紙に書いて竹に飾れるように習わせ、正月には書き初めを催し、ご褒美のあべかわ餅と余興の福引きが、子どもたちの楽しみだった。遠足もあった。天神様の縁日には弟子たちを連れてお詣りに行き、春には揃って花見に出かけ、樹下に遊んだ。

手習の師を車座や花の児《ちご》　服部嵐雪

という句が残っている。

次の桜の時期には、満開の木の下に、師を囲んで笑いさざめく江戸の子どもたちの幻影が見えるかもしれません。

のどけしや素読の声の聞こゑくる　葉子

教えるに師匠子供におぶっさり　古川柳

真っ黒になって清《きよ》書《がき》真っ赤なり　古川柳

天神へ素顔で参る手習い子　柳多留

㊁お江戸の一日

一 一日のはじまり

石町《こくちょう》は江戸を寝せたり起こしたり

江戸の人って何時くらいに起きてたの？

江戸の人とは、あまりに漠然とした言い方だから、ここでは町の人、それも町人の七割が住んでいたという長屋暮らしの人としましょう。長屋にも何らかの仕事を持って、ひとりで生計を立てていた女性もいたようだから、今の私と似ているそういう女性を想像して。

江戸の一日をイメージするにあたり最初に浮かぶ、何時くらいに起きていたかということ。いきなり面倒な問いを発してしまったと、調べてみてわかった。時間制の問題です。

時代劇を見ていると、明六《あけ》つとか暮六《くれ》つとかいう数え方をしています。

明六つとは日の出前、あたりがようやく明るくなり、ものの形が見えはじめる頃。対して日の入り後、あたりにまだうす明るさが残りながら、ものの形がようやく見えなくなる頃が暮六つ。ふたつの間を、昼の時間としていた。それぞれが日の出のほぼ三十六分前、日の入りのほぼ三十六分後にあたるそうです。

この明六つが、江戸の庶民の活動開始の時間だけれど、ご存じのように日の出、日の入りは季節の推移につれて少しずつ変わっていく。

東京の日の出が、一年でいちばん早い時間といちばん遅い時間とから、さきに書いた三十六分を引き算してざっくり言えば、早くて四時前、遅くて六時半前。一時間半ほども違う。明六つは午前六時頃と、本にはよく書かれていますが、それはあくまでも平均なのです。

「起床時間が一時間半もずれては、体内時計くるいそう」

と思うのは、今の私のおっちょこちょいな感想。同じ時間に目覚ましをかけても、

「起きても、まだ外は暗いじゃないか」とか「眩しくて、目覚まし鳴る前から起きてしまったよ」みたいなことはないわけで。一定の光量のもと活動開始できるのは、体にはむしろ自然なのかも。

そうは言っても、雨の日もある。目覚ましをかけないとやっぱり不安……な人のために（？）、公共の時計とでもいうべきものがありました。時の鐘。時代劇（また。私の江戸イメージの基本はそれか）で、ごぉ～んと鳴ると、うつらうつらしていたご隠居さんが「おや、もう七つかい？」と瞼を上げる、あれです。浅草寺、寛永寺、増上寺など、市中の九ケ所にあり（花の雲鐘は上野か浅草か　芭蕉）、うちいちばん早く設置された、中央標準時というべきものが日本橋の本石町《ほんごくちょう》にあった鐘。

「気づいたら鳴っていて、いくつめかわからない」ということのないよう、「これから鳴らしますよ、ようく数えなさい」という合図の鐘を前もって三つつき、それを捨て鐘と言いました。

でも寝過ごすことはなかったと思います。長屋の場合、なんたって周りがうるさい。鐘が鳴る前から、自然と目が覚めてしまったことでしょう。

井戸端では水を汲む人。厠《かわや》の戸を開け閉てする人。木戸の鍵の外される音。遠くへ出立する人は、前もって大家さんに話して、明六つ前に木戸を開けておいてもらうこともありました。

表通りからは、小僧さんが店の前を掃く音が聞こえる。たいていの店は、明六つから営業をはじめたそうで、その準備。早い！

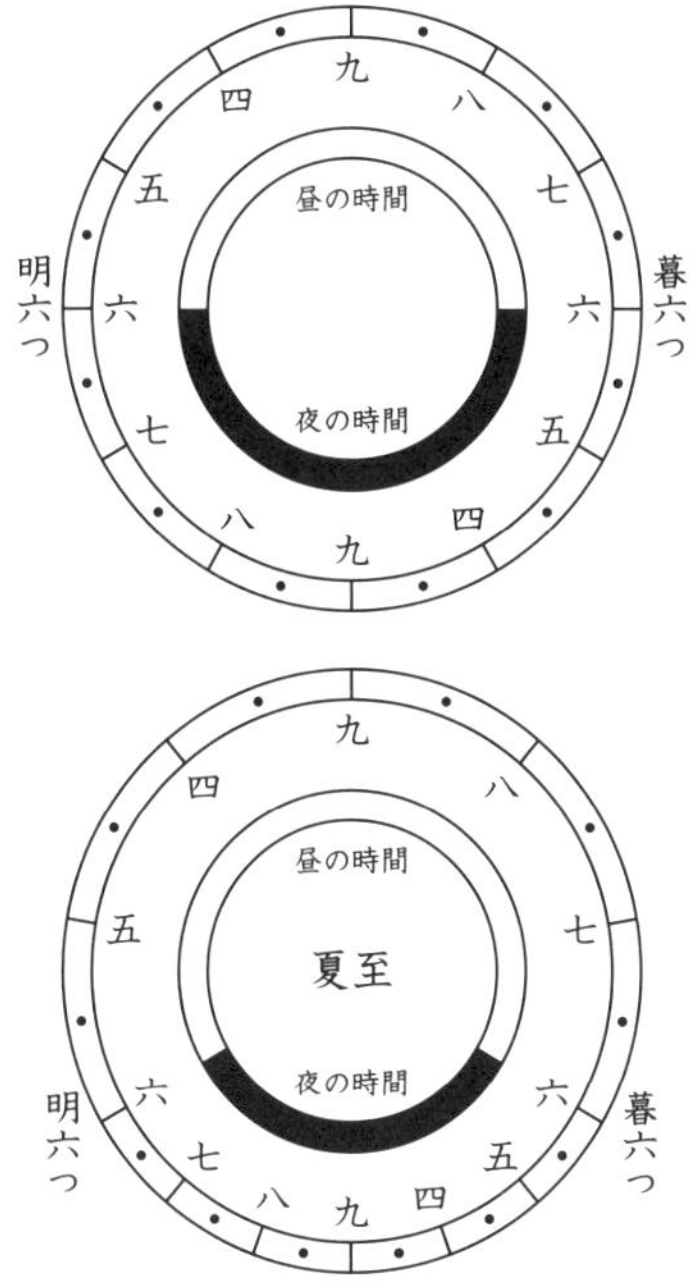

「伸び縮み」する時間。暮六つから明六つまでの間を六等分したのが、夜の一刻。一刻あたりの長さは、季節によって変わる

隣の誰さんは朝風呂へ行くみたい。壁は薄く、玄関は障子一枚。周囲の動きが手に取るようにわかる。

目覚まし時計の代わりに、いつもと同じ明るさと、人々の気配や町のざわめきで起きる。自然のリズムと関係性の中で、はじまる一日。現代では遅起きの私、近所が騒がしいと耳栓して寝直すこともあるくらいだが、郷に入らば郷に従え、これはこれで健康的なスタートかも。ふあ〜っ（伸び）、どんな一日になるのでしょう。

二　ごはんの支度

納豆と蜆に朝寝起こされる

起きてまず考えるのは朝ご飯のこと。一日三食の習慣は、江戸時代に定着したそうです。

まずはご飯を炊かないと。炊飯器もガスもないから、ひと仕事。畳から一段下りた土間にかまどがあって、そこで炊きます。

火打ち石で一回一回火を起こすのは、それこそたいへんなので、寝る前に用意しておいた火種を使います。燃えている炭を、火鉢の灰に埋めておくのです。こういうのが、江戸で火事が多かったもとかと推測しますが。

灰の中から掘り出したそれに、つけ木を押し当て、つけ木の先についた小さな炎を、かまどに入れたたきつけに移す。乾いた鉋屑《かんなくず》とか小枝です。燃えはじめたらその上に薪を載せて、火吹き竹で勢いよく酸素を送り込む。ほっぺたを力いっぱいふくらませて。灰が舞うので、あらかじめ姐《あね》さんかぶりでもして髪を守らねば。すぐ前に玄関扉代わりの障子があるから、慣れない私はおっかなびっくり。わっ、こんなそばに火除けのお札が。これだって燃えやすい紙。こういうのが、江戸で火事が多かったもとかという推測を、再びしてしまいます。

もしも火種が消えてしまっていたら、つけ木が切れてしまったら。だいじょうぶ。何でも売りに来る江戸のこと。火種やつけ木を売りに来る行商人もいたそうです。でも、ここは人情厚き長屋ですから、お隣のおばさんに頼んで借りてしまいましょう。

今に比べて骨の折れる炊飯だが、もしかするとこれが、一日の食事の支度の山場かも。江戸時代、ご飯を炊くのは一日一回。朝に三食分をまとめて炊く。保温ジャーはないので、熱々のご飯を食べられるのは朝ならでは。

釜をかまどから下ろして蒸らしている間に、味噌汁をちゃちゃっと作る。炊飯以外の支度は、楽でした。ほら、言ってるそばから、呼び声がする。浅蜊《あさり》、蜆《しじみ》、豆腐、納豆。味噌汁の具が、選り取りみどりやって来るようなもの。しかも、とれたて、できたての新鮮な具。冷蔵庫がなくてもだいじょうぶ。

炊きたてご飯に味噌汁、沢庵《たくわん》二切れといったところが、定番。なんだかお腹が空きそうだけれど、ご飯を大食した。女性でも朝から二杯。一日三合食べたといいます。エネルギーの多くをお米から摂っていたのでは。しかし沢庵二切れで二杯なんて、どれだけ塩辛い沢庵だったのでしょう。

現代で玄米か胚芽米を常食している私から見ると、江戸のご飯はとっても白く目に映る。同時代でも、白米を食べているのが江戸の特徴。将軍様のお膝元であるのを誇りとする江戸の人は、長屋の庶民も将軍様と同じに白米を食べていた。だから江戸では脚気《かっけ》が多かった。ビタミンB_1不足です。地方から来た奉公人や江戸勤番になった武士がよくかかり「江戸患い」と呼ばれていた。

外食産業のみならず「中食」産業も発達していた江戸では、ご飯の支度は、三食家で作っている今の私より、どうかすると楽そう。しかも買い物に行かなくても、向こうから来てくれるのがありがたい。移動スーパーマーケット、いや、豆腐屋、蜆屋というふうに別々だったから、移動商店街でしょうか。谷中の「夕焼けだんだん」の下にある、すぐ食べられるおかずがいっぱいの商店街、あの一軒一軒が時間差で現れるようなもの？

という話をしていたら、

「ああら、私の若い頃もそうだったわよ」

と九十代の女性。戦前の下町に住んでいましたが、味噌汁なんて鍋に湯をわかしだしをとっていると、豆腐屋さんが戸口まで売りに来て、さいの目に切ってくれた。女性はそれを入れるだけ。まな板も使わず、味噌汁ができる。今みたいにあらかじめ買っておいて、消費期限を気にしながら使うより、ずっと便利だったと。

東京の一角には、昭和まで江戸が残っていたんだなと、印象的でした。

三　着るもの、化粧

初鉄漿《はつかね》のかがみのおくに母の顔

朝起きたらとりあえず身づくろい。浅蜊売りがいつ来るかもしれないし、戸口まで出られるかっこうでいないと、味噌汁の実が行ってしまう。

長屋に住む庶民の女性の身づくろいは簡単です。襦袢《じゅばん》と腰巻き、すなわち下着で寝ていたので、その上にいつもの着物をつけるだけ。

「服はあるのに着るものがない！」という現代女性にありがちな、朝のどたばたとは無縁。庶民は基本的に一張羅《いっちょうら》でした。生涯で三、四枚しか着物を持たなかったといいます。

和服といえば呉服屋で反物《たんもの》を広げてもらい、どれにしようか迷うシーンが思い浮かぶが、あれはごく少数の裕福な人。江戸時代布はとっても高価で、庶民は古着を買いました。ちなみに呉服屋とは絹の生地を扱う店のこと。庶民が着ていたのは綿です。古着屋さんから買ってきたのを洗い張りして仕立て直す。洋服と違って直線断ちの和服は、リユースには便利です。

夏は単衣《ひとえ》で、冬になったら同じものに裏地を縫いつけ袷《あわせ》にし、もっと寒くなったらいったん解いて表地と裏地の間に綿を詰めて綿入れにする。針仕事しないと、暑さ寒さに対応できない。

そのようにして一枚を徹頭徹尾着通す。どうしても他のが必要なときは、損料屋《そんりょうや》というレンタルショップから借りました。

着るものはわかった。では、お化粧は。

長屋の女性は、ふだん化粧はしなかったそうです。白粉《おしろい》もつけない。

健康には、それがよかったのかも。江戸時代の白粉で一般的なのは、鉛が原料。肌へのつきとのびがよく、しかも割と安価だったため、歌舞伎役者から庶民まで広く使われていました。

ご存じのとおり鉛は有害。役者さんで鉛中毒のため手足が壊死してしまった人もいるとか、将軍があまりよく育たなかったのは、胸元までたっぷり白粉をつける乳母を通して、鉛をたくさん吸ってしまったからだとかいう、こわい話も伝わっています。

出版文化の盛んな江戸のこと。美容の指南書もありました。『都風俗化粧伝』という、二百年後の今でも出版されています（平凡社東洋文庫）。

内容は、メイク、スキンケア、ヘアスタイルと多岐にわたり、メイク編なら眉の描き方、口紅《くちべに》の塗り方など、今の女性誌のように詳しい。丸い顔を長く見せるには、口の大きいのを小さく見せるには、鼻の低いのを高く見せるには、といったお悩み別のハウツーも。美人顔にも流行《はやり》すたりがあるけれど、色の白いのは一貫して評価が高かった。UVケアもない時代、乳母《おんば》日傘《ひがさ》で育てられたお嬢さんが圧倒的に有利なわけで、庶民の女性は分が悪そう。

江戸のメイクは、総じて上方より薄化粧でした。厚塗りは野暮とされていた。江戸の人の淡白な好みは、こんなところにも。

口紅はまん中あたりにちょっとつける。紅が高価なせいもあります。ただし過激メイクはいつの世も。唇をメタリックグリーンにするのが流行ったこともあった。ほんものの紅を見たことのあるかたはご存じのとおり、紅には金のような緑のような、そう、玉虫色の照りがあります。塗り重ねてあの照りを出し、怪しく光らせる。

白粉を溶く化粧水もありました。「花の露」という乙女心をくすぐる商品があり、競合品が「菊の露」。そこへ進出し大ヒットしたのが、その名も「江戸の水」。戯作者、式亭三馬が売り出したもので、自著『浮世風呂』の中でも「江戸の水っていいらしいわよ」みたいな会話を登場人物に交わさせているのだから、ずいぶん広告上手です。

眉墨もありました。でも使うのは娘のうちだけでしょう。

女性は結婚が決まるとお歯黒を入れ、出産すると眉を剃り落とす風習がありました。時代劇だとこのへんは忠実に再現されていないので、私のイメージになかったけれど、昔はそれが一般的だったと知ると、絵や芝居に描かれた幽霊が、にわかにリアリティを帯びてくる。

今の感覚からするとかなり不気味なメイクです。でも当時は、いい年をして歯が白いままだと逆に悪目立ちしたらしい。世間体をはばかって、未婚でも鉄漿《かね》をつけました。お金をかけてまで歯のホワイトニングをする現代とは対照的。

はじめてのお歯黒をして鏡の自分を見るときは、結婚が予定されている者とそうでない者とで、気分はずいぶん違いそう。前者はうれし恥ずかしで、後者は単に「私もこういう年になったか」と。

長屋の女性も、他のメイクは省略しても、お歯黒は欠かせぬ身づくろいでした。

鉄漿なんて、字面からして金属っぽく、

「白粉の鉛だって体に悪いのに、こんなものをもろに、しかも常に口の中に入れていてだいじょうぶか」

と思うが、主原料は植物だった。ウルシ科の木からとった粉。これを鉄漿水《かねみず》という、錆びた鉄釘をお酢や米のとぎ汁などにつけて発酵させた液体を温めたもので溶く。金属は使うけれど、黒豆を煮るときの釘くらいのもので、問題はないと考えていいのでしょうか。

鉄漿水は臭く、つけると口の中が渋くなったそうです。こんな複雑でご苦労様なこと、誰が考えついたのか。しかも江戸では女性ばかりの風習で、恨めしいほどですが、歯や歯ぐきを守る効果はあったとのこと。

がまんと面倒の対価として、それくらいの恩恵はほしいです。

四　髪をセット

洗ひ髪漬菜のやうにしぼり上げ

メイクしない日でも省けない身づくろいが、もうひとつ。髪を結う。長屋の女性は、朝、ご飯を炊いている間にちゃちゃっと整えたようです。寝ている間に潰れたところを直すくらいで、毎朝一から結うのではなかったと想像します。そのためにあの、首が痛くなりそうな高い枕に頭を載せて、なるべく形をキープしようとするんですよね。

ヘアスタイルはいわゆる日本髪。髪を五つの部分にブロッキングする。前髪、頭頂部、左右、後ろの下の方。庶民の女性は基本、髪結いさんに行かず、自分で結いました。ポニーテールにするのに、頭頂部だけ別に髪をとってふくらませる、というのすらうまく行かない私には、信じられない。

洗髪は月に一回くらい。これは江戸の女性の話で、上方ではめったに洗わなかったそうです！

洗うとひとことで言うけど、たいへんな作業でした。髪は女の命で、切らなかったわけだから、とてもとても長い。浮世絵を見ても、盥《たらい》の中でとぐろを巻いています。それにひと月分の汚れがついている。毎朝火吹き竹でご飯を炊くときの灰や煤、往来の土埃なんぞも、鬢《びん》付け油《あぶら》に付着する。

シャンプー代わりはふのりとうどん粉。粘土、火山灰を用いたという話も。ひと月分の汚れを落とすのだから、強力です。クレンザー感覚？

すすぎにどれだけ水が要ったやら。シャワーもないのに。

すすぎに劣らず、乾かす方もたいへんそう。髪の長さが半端でないし、ドライヤーもない。晴れの日を選ぶしかありません。物干し竿に髪をかけ、その下に寝転がっていたくなる。

鬢付け油というと、何かいい香りの色っぽいものを想像しますが、庶民の使う鬢付け油の主原料は胡麻油といいます。

結い方はいろいろ。身分、年齢、既婚未婚、職業などで違う他、化粧と同じで流行があり、幕末には二百数十種類もあったとか。あんまり凝ったのは髪結いさんに結ってもらう他なく、長屋の女性も行きましたが、贅沢禁止令によりしばしば取り締まられました。

江戸の女性のヘアスタイルで、私がいいなと思う点は、視覚的なアンチエイジング効果を期待できること。結うことで、皮膚が斜め上に引っ張られて、物理的にリフトアップされる。現代の大人の女性のヘアスタイルは「たるみによりフェイスラインの重心が下がるのを、トップにボリュームを持たせることでカバーしましょう」というセオリーだが、髷《まげ》はみごとにそれに合っている。左右に張り出した鬢は、顔の面積を相対的に小さく見せるだろうし。

アンチエイジングといえば、白髪染めもありました。黒油といい、油に墨を混ぜたもの。江戸の女性は、年をとってからもおしゃれ心はあったのです。

五 仕事に出よう

子を持った大工一足おそく来る

朝ごはんを食べ、身支度をすませたら、さあお仕事。長屋のご近所、職人さんたちは明六つ半には家を出て、夕七つ半頃まで働いたそうです。一刻が何時間かは季節によって異なりますが、平均すると約十時間。意外に長い！

十時間のうちには現代と同じく、昼ごはんの休みがあったし、午前と午後にも休みがあり、それぞれの休みをずいぶん長くとったのでしょうか。大工の場合、実労時間は四時間くらいだったと、近世の風俗事典というべき『守貞謾稿《もりさだまんこう》』という本にあります。短い！

火事が頻繁に起こり、起こると延焼面積も、面積当たりの戸数も大きい江戸。建て替えはしょっちゅうだったと思われ、一日あたりの実労時間がそれっぽっちで間に合うのか？　と心配になります。危機感を抱くのは私だけでなく、倍の日当を支払って「朝出居残り」、現代でいう早朝出勤と残業をしてもらうこともしばしばでした。大火の後の人手が足りないときは、さらに上乗せすることも。

職人と並んで長屋に多い行商人は、もっと早く出かけます。おかずや食材を売る人は、仕入れをした上でごはんの支度の時間帯に長屋を回らないといけない。

売り切れたら早じまいすることもできるし、やる気があれば急ぎ仕入れに戻って二巡めをすることも。歩くほどに一日の稼ぎを多くできるし、品がよくて人当たりもよければお客さんがつく。地方から来てひと旗上げたい人にはよいのかも。

しかし長時間労働には限度があります。何たって日が暮れると暗くなる。日没以降に働くのは無理……と思ったら、いました、遅くまで働き続ける人たちが。表店の丁稚小僧さんたち。

さきに述べたように、江戸の店はやたら早い。明六つから営業開始。小僧さんたちはその前から起き出し準備する。夜は夜で灯火のもと眠い目をこすりこすり、読み書きそろばんのお勉強。楽じゃないです。

私は江戸では、独身で仕事を持って長屋に住んでいるとの想定ですが、たとえばどんな職業が?

男性相手の仕事を除いて江戸の女性の職業といえば、稼ぎ頭は髪結いでしょう。遊女の髪を結う人となるとかなり収入が得られ、夫を尻に敷くことも。元祖「髪結いの亭主」です。道具箱を持って呼ばれたところへいく、出張形式。

一般の女性は自分で結うのが基本ですが、ヘアスタイルにバリエーションが出てきて、自分ではできないくらい複雑になると、セットしてもらう感覚で髪結いさんに行くように。贅沢だとしてたびたび禁止令により取り締まられたことはすでに書きましたが、すぐに緩んで、幕末には長屋の女性も結ってもらうようになりました。それだとお客さんに来てもらう形式になろうから、看板のひとつも掲げたでしょうか。腕がよくて人当たりもよければお客さんがつく。「ひと旗上げる」職業の女性版。

師匠さんと呼ばれる職業にも、女性にはありました。三味線、長唄など芸事の師匠、手習いの師匠。江戸市中では手習い師匠の三人に一人は女性だったそうです。自宅と稽古場を兼ねるとなると、ワンルームではきついかな。長屋の中でも二間続きの部屋が理想。腕のいい大工さんでは、なんと二階建ての長屋に住んでいる人もいるんです。羨ましいざあます！

お裁縫関係の仕事も、女性にはあります。お裁縫の師匠、針仕事の内職。一枚の着物を徹底的に着通す江戸。この手の需要はいっぱいあります。傷んだところを繕う、襟《えり》だけ付け替える、裏をつける、縫い目をほどいて洗って仕立て直す。江戸に多い独り者の男性が、みんながみんなそんなこと自分でするわけがない。クリーニングに出す感覚で、頼んでいたことでしょう。仕事をしている女性も、あるいは。私が例えば手習い師匠でそこそこの収入を得ていて、子どもたちの面倒みるのにぐったりと疲れたら、お金を払っても人にしてもらいたくなる、たぶん。

そう、家事の外注。江戸は独身男性が多いから、外食産業が発達したといわれます。家事能力のある女性でも、仕事をしていたらごはんの支度はやっぱりたいへん。立ち食い蕎麦みたいな外食まで男性に混じってしていたかどうかはわからないけれど、少なくとも「中食」はおおいに利用しただろうし、その延長で、家事代行サービスの利用にもさほど抵抗はなかったのではと、現代の私には思えてきます。すると、そのサービス業に就く女性がいるわけで、その人も別のサービス業の助けを借り……サービス業の発展、女性の社会進出と、サービス業の利用のさらなる拡大とが三つ巴？ で進んでいったのではと、これは私の想像です。町の女性も、商家の子守を請け負ったり、針仕事専門の女中になったり、行儀見習いとして武家に奉公したりと、社会化される機会はありました。

　長屋のおかみさん連中の夫婦喧嘩や出入りの商人、職人さんとのやりとりを見ていると、結構口が立つし、男を言い負かすくらいの勢いがある。社会で揉まれた経験があるのかなと思います。

六　家事をするうち昼下がり

呼ばれても二針三針縫って立ち

家にいる日の家事を想像してみますと。

掃除はあまりたいへんではないかも。

第一に、掃除する面積が少ない。長屋の典型的な間取りは「九尺二間《きゅうしゃくにけん》」。間口九尺（約二・七メートル）×奥行き二間（約三・六メートル）です。六畳分になりますが、入ってすぐが台所なので、畳の敷いてある部分は四畳半と考えていい。

この四畳半に、掃除のときじゃまな家具が少ない。モノも少ない。掃除が楽な第二の理由です。屏風の後ろにたたんである寝具の他は、行灯《あんどん》、火鉢、モノ持ちの人で行《こう》李《り》といったところでしょうか。埃を払い、ささっと箒で掃くくらいですみそう。もっとも建て付けがよくないし、何たって玄関が障子の戸一枚だから、砂埃はすごそうです。火吹き竹でご飯を炊くから、煤もひどいか。

台所は土間だから、床を拭く掃除はしなくてすむ。おかずはあまり家で作らないし、作ったとしても「和食」なので、油汚れは少なそう。建材も汚れの成分も現代より単純だろうから（今は壁「紙」といっても実はほとんどビニール）、何種類もの化学洗剤を使い分ける必要もなさそうです。

そうだ、煤で思い出したが、煤払いの行事があった。今の大掃除のもととされるのです。

毎年十二月十三日に江戸城で行われ、武家や大きな商家にも広がったらしい。ようすを記したものを読むと、お祭っぽい感じがあって、その日には出入りの職人や鳶《とび》などが行って手伝い、代わりにご祝儀をもらったり、酒肴のふるまいにあずかったりした。終わると店のご主人、番頭、手代と偉い順に、みんなで胴上げしたという騒ぎっぷり。一年納めの日までまだ半月もあるのに。長屋の住人も男性の多くは、そちらへ出かけているのでは。私は家で、ささやかに煤払いして、かまどのお札でも貼り替えましょう。

現代の大掃除でたいへんなのは「三大水回り」といわれる台所、風呂、トイレですが、トイレは共同、お風呂は湯屋で、家の中にはありません。

台所も火吹き竹を使うのは一日一回、朝だけです。昼は冷や飯と、朝の味噌汁の残り、漬け物ですませ、余裕があれば、納豆でも添えます。ついでにご飯も熱々のを買

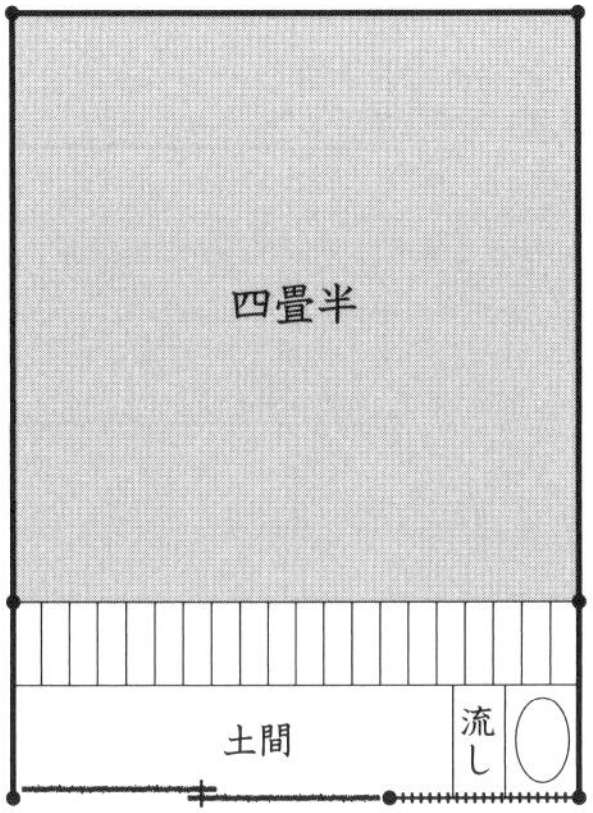

いちばん基本形の長屋の間取りは九尺二間。四畳半に流しと土間がつく

えれば、私のような不精者は炊事も掃除もより楽になり万歳ですが、何でも戸口まで売りに来る江戸でも、炊きたてご飯を売りに来たという話は聞かない。資料の探し方が悪いのでしょうか。

炊事、掃除はそんなふうで、残るは洗濯！　これはたいへんそう。長屋のおかみさんというと井戸端にしゃがんで、がっしゃがっしゃやっている図が浮かぶくらい、代表的な家事なのでしょう。持っている服が少ないから洗ってもたせるしかない。当然のことながら洗濯機はない。また江戸時代は気候上の寒冷期にあたり、冬の水仕事はとてもつらそう。洗濯機のみならず洗濯板もまだなくて、盥に入れて手で揉むか足で踏むか。

洗剤にしたのは灰汁《あく》。藁の灰がいちばんいいそうです。他、米糠や米のとぎ汁、豆腐を作るときにがりで固めた後に残るお湯、皀莢《さいかち》や無患子《むくろじ》を使っていた。まさに植物由来のものばかり。

汚れが「なんとなくとれそうな気がするから」それらを入れていたわけではなく、後の世に調べたところ、界面活性剤の役割を果たす成分とか、泡立ちをよくする成分とかがちゃんと認められたそうです。

石けんが洗濯に使われるようになったのは明治以降。一方、江戸の洗濯石けんというべきさきのものも、驚いたことに、昭和三十年代まで引き続き使われていました。私も母から聞いたことがある。地面にたまたま落ちていた皀莢のさやや、羽つきの羽についている無患子の実を指して。平成の今も石油由来の製品を使いたくない人のために売られているそうです。

長屋の人には縁のなさそうな絹はおいて木綿や麻についていうと、単衣のものなら丸洗いし、左右の袖を竿に通して着物の形のまま干しているのを、当時の絵でもよく見ます。袷は基本、洗い張り。洗うたびに縫い目をいちいちほどくのだから、おっくうになりそう。しかもふのりをつけてから板に張って伸ばして仕上げます。

見落としてはならないのが絞る手間。私は服を結構手洗いしますが、洗うことより絞ることの方がたいへんに感じる。絞るのだけ洗濯機の「脱水」にさせてしまうことが多い。でないとなかなか乾かずに、外に干しているうち雨が降ったり風が砂埃を巻き上げたりして、洗い直しになることも。

今の服より大きな着物は水をたっぷり吸ってしまうし、木綿は化学繊維に比べて乾きにくいし、洗髪同様洗濯も日を選ぶだろうと思います。正真正銘の一張羅だったら、乾くまで下着でいたのでしょうか。

家事のうち針仕事は今よりもずっと多かったことでしょう。

昭和の針仕事は「母さんが夜なべして」の歌にあるように夜のイメージですが、灯りが貴重だった江戸時代は、急ぎのものでもない限り、日のあるうちにすませました。日光を最大限活用するには、朝ごはんがすんだら即洗濯、早いうちに干しはじめ、お昼の炊事は最小限に、お昼ごはんがすんだら即針仕事、というのが効率的な順番と思われ、長屋の私もそうします。

外がなんだか賑やかな。子どもたちが手習いから帰ってきたみたい。するともう昼八つか。向かいの腕白坊主が、障子戸を開ける前から「おやつ、なあい?」と騒いでいる。

私も何か食べたくなった。焼き芋か薄皮饅頭でも売りに来ないかな。夏だったら白玉やマクワウリなんかも、すっきりおいしい甘味です。

七　井戸とトイレ

店中《たなじゅう》の尻で大家は餅をつき

洗濯に炊事に欠かせないのが井戸ですが。

そこで汲むのは、掘って自然とわいてきた地下水ではありません。人工的に引いてきた水。

江戸っ子のじまんに「水道水で産湯をつかった」がありますが、最初に聞いたとき私は「はあ?」と思った。江戸の昔なら水道ってことはないでしょうと。

それは私のもの知らず。十七世紀に水道の引かれていた町は、ロンドンと江戸だけ。しかもその水道網たるや、世界に誇る規模で張りめぐらされていたのです。

もともと江戸は海に面した湿地。掘っても塩分の強い水しか得られず、幕府は早い段階で、内陸の井の頭池のわき水を源とする神田上水を造りました。寛永六（一六二九）年完成。単なる溝で引いてきたのではなく、木と石でできた伏樋を地中に埋めるという、今でいう水道管を通すようなもの。樋には微妙に傾斜をつけて、動力を使わなくても流れていくようにしました。賢い！

神田川とクロスするところは懸樋、いわば橋にして渡し、江戸名物のひとつとなっています。水の上を水が渡るなんて、当時の人がいかにも面白がりそう。

江戸の人口が増えると、神田上水だけではまかないきれなくなり、新たに玉川上水を造りました。多摩川の水を上流の方で取って引いてくるもの。これにて水道管の総延長はなんと百五十キロメートルに！　大川（隅田川）を越えることはさすがにできず、川より向こうは地下水の井戸でした。

幕府が内湯を家に持たせなかったのは、火事の心配と同時に、各戸が勝手に風呂をたててはまた水が足りなくなるという懸念もあったかと推測します。

さて、長屋の井戸ですが、当時の絵で皆さんご存じのように、大きな桶のような姿をしています。これについてはかの『守貞謾稿《もりさだまんこう》』が、地中の姿まで図にしてくれている。

それによると底のない桶に似た筒を縦に何個も、隙間から水がもれないようしっかり差し入れて重ねる。いちばん下のには底がついている。底に近いところで水道の伏樋と竹筒により接続。樋からの水が溜まるようにし、汲まれて減るとそのぶん樋から供給されるしかけになっている。賢い（再び）！

各戸に蛇口はむろんないから、長屋の人は井戸端でものを洗う他は、この井戸から汲んできた水を土間の水がめに満たし、ほそぼそと使います。みんなのたいせつな井戸。いかに緻密に設計されているとはいえ、少しずつ泥は入り込むので、年に一度長屋の人総出で井戸のお掃除をしました。こんなところにも絆の強まるきっかけが。

下水の方に目を移せば、長屋の通路の中央に一本溝が通っています。木製の蓋、すなわちどぶ板でおおわれて。

長屋の台所には箱形の流しがあり下には竹筒までついていますが、現代の流しの排水管と違ってこれは、外の下水とつながっていません。足もとの土間に水を落とすだけ。家の中で使う水は、水がめに汲んできてある分だけでたいした量ではないし、下も土間だから、しみ込むか蒸発するかして消えるということでしょう。

井戸端の洗い場は下水とつながっていますが、布袋を通すなどしてから流し、水以外のごみがなるべく入らないよう気をつけます。これなら川もきれいに保てる。

そしてトイレ。当然ながら水洗トイレではないので、そちらの方で川を汚すこともありません。トイレは惣後架《そうこうか》と呼ばれ、井戸の近くにあり、この惣後架、井戸、ごみ溜めが、裏長屋の共同スペースにある三点セットといえるでしょう。あ、それとお稲荷さんがあるか。

屋根付きの小さな建物で、ひと棟にたいてい小便所×一、大便所×二が、横に並んでいます。男女の別はなし。板壁で仕切られ個室には一応なっているけれど、扉は下半分のみ。入っているかどうかがひと目でわかる。ていうか、しゃがんでいても用を足している人の顔が見えるオープンさ。絆といえばきれいだが、もう同じ長屋の住人どうし取り繕ってもしょうがないって感じです。時代劇では（また出た）、イケメンの浪人が長屋に引っ越してきて女房連中が色めきたち、娘もほのかな恋心を寄せて、というのがよくありますが、そういう雰囲気になれるものかどうか……。

大のトイレは汲み取り式。農家の人が天秤棒に桶を下げてやって来ました。

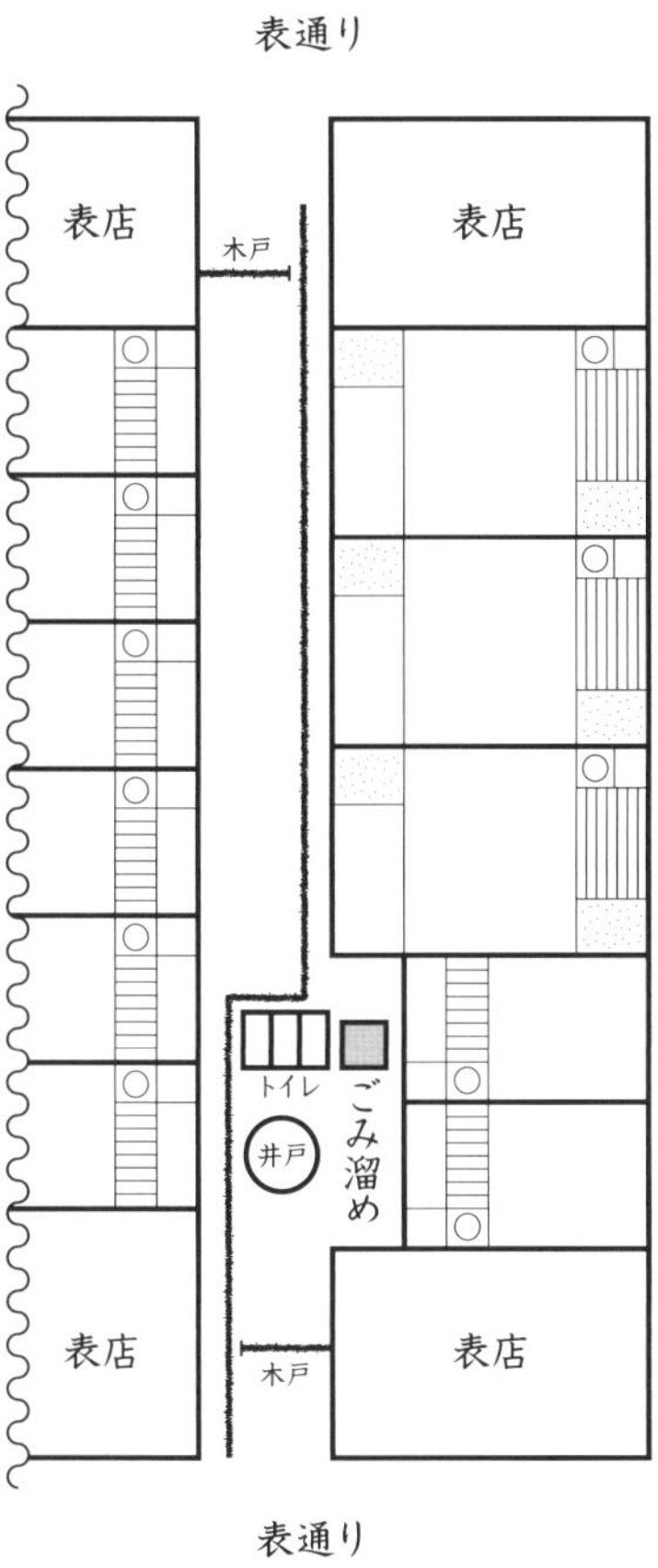

長屋には共同の井戸、トイレ、ごみ溜めがセットとなっていた（模式図）

お金を払って処理をお願いするのではない、その逆。農家の人がお金を払い、買い取る。人糞は貴重な肥料になるのです。

行き当たりばったりに汲みに来るのではなく、決まった農家と契約をしてあります。代金は大家さんの収入に。年に二回農家が納めていきました。「製造者」の店子としては釈然としない思いも。懐柔策か、大家さんは代金が入る年末、店子に餅と正月飾を配ります。

人糞は常に売り手市場。江戸の町が飽和状態になってからは、人口は頭打ちだけど、食生活が豊かになって、野菜の消費量は増えるし、作るのに肥料をより必要とする野菜も多くなる。買い取ってくれなくなって、トイレが溢れて困るということは、まずない。

家の中にトイレがないのは、寒い日、雨の日はたいへん。お腹をこわした日には泣きそう。でもそれさえがまんすれば、掃除や維持管理に関する憂いはないのです。

八　お風呂でスキンケア

まだ出ると紅葉袋をゆずる也

長屋のご近所で、働きに出ていた職人さんは、帰ってきたらまず風呂へ行き、さっぱりしてから夕飯をとる人が多いみたい。あれ、隣のご亭主は、朝も行ってまた行くらしい。

髪はあんまり洗わなかった江戸の人も、お風呂にはよく入りました。一日一回、人によっては何回も。

銭湯代が公定価格で、比較的安く抑えられていたせいもあるでしょう。お得な月間フリーパスもあった。

江戸の町では内風呂を持つのが制限されていたそうです。ものの本にはあります。何よりこわい火事につながるのを警戒して。そうでなくても江戸では、風呂を焚く薪が高くつく。

内風呂のあるのは上級武士の家だけで、それ以外は長屋住まいの庶民に限らず、大店の娘も下級武士の妻女もみな銭湯通い。身分を超えた、文字どおりの裸の付き合いが繰り広げられていたわけです。有名な呉服店、越後屋にも内風呂はありませんでした。

銭湯を江戸では湯屋《ゆや》と呼んでいまして、計算上、一町に二軒はあったらしい。営業時間は明六つ（ざっくり朝六時頃）から暮五つ（同夜八時頃）。男湯は朝から賑わっていた。仕事前のひとっ風呂、遊廓帰りの若者、ご隠居さん。女湯は朝は空いていて、昼過ぎから混雑したようです。夫のいない間にのんびりと、女どうし、おしゃべりに花を咲かせる感じでしょうか。おしゃべりなら井戸端でも充分している気もしますが。

私は夕飯をすませた後で行こう。家事を全部終わらせて、帰ったら寝るだけにして。長屋の女房には多いパターンです。

夕飯といっても支度は簡単。さきに書いたようにご飯を炊くのは一日一回で、夜は残りご飯をお茶漬けにする。それと味噌汁、漬け物。おかずはこの時間も売りに来てくれる。煮豆、野菜の煮物、こんにゃくの煮物、焼き豆腐など。七輪を出して魚でも焼けば、ご馳走でした。

片づけも簡単。食器は、今でいえば修行中のお坊さんが使っているようなものと考えて下さい。ひとり一セットの箱膳で、ごはんの最後に湯かお茶を食器に入れてゆすいで飲み、箱にしまって蓋を裏返したら、後片付け完了。さあ、湯屋へ出かけよう。

江戸時代は混浴が当たり前と、読者の皆さんは聞いたことがあるかもしれません。

「だったらなぜ、水戸黄門に出てくる悪代官は、由美かおるの入浴シーンにあんなに興奮するの？」

との疑問がただちにわきますが、さきの伝で、悪代官は上級武士で内風呂があり銭湯に行く機会がなかったからと説明すれば、まあ、辻褄は合います。

混浴というと温泉旅館の家族風呂のように男女が仲良く湯につかっている図を想像しますが、浮世絵を見るとどうも違う。

浮世絵に描かれるのは洗い場で、ちょんまげと日本髪を結った裸の人々が同じ板の間（今の銭湯と違ってタイル張りではなかった）にしゃがんで、それぞれ桶を使ったり手拭いを使ったりしている。同じ長屋の兄さんや、ふだん挨拶している表店のおじさんなんかにここで会うのは、少々気まずそう。

混浴は寛政三（一七九一）年、かの堅物、松平定信により禁止されたが、その後復活しては禁止の繰り返し。

別の浮世絵では、洗い場を一応男女に分けても、仕切りはないに等しく、まる見えだった。お触れが出たからといって建物を急に作り替えるわけにはいかなかっただろうし。同業者と相談し、日替わりで男女交代制にし、しのいだりしました。

洗い場には、カランやシャワーの代わりに水槽が。桶で汲み出して使うのでしょう。壁には広告の紙が張られている。化粧品、民間薬、芝居に落語……。今の銭湯と大きく違うのは、洗い場と浴槽とがひと続きでないこと。洗い場から浴槽へは、シャッターを半分閉めたような感じで天井から下がっている板の下をくぐって入る。柘榴《ざくろ》口《ぐち》と言います。鏡を磨くのに柘榴の酢が必要とされたことから「鏡要る」と「屈み入る」

とをかけたとか。江戸の人ってほんと、こういう言葉遊びが好きですね。

柘榴口はお湯が冷めないよう設けたそうですが、湯気が中に充満し、蒸し風呂効果もあったでしょう。

柘榴口の中の空間は、仕切り板で男女を分けてあるけど、浴槽はひと続き。これも混浴禁止によって、急ごしらえで取り付けたか、それが様式化したものと思われます。

江戸時代の湯屋の面影は、明治村に移築保存されている半田東湯《はんだあずまゆ》という銭湯に残っていると聞き、行きました。実際に入浴できます。そのときは客は私ひとり。

浴槽に身を沈めれば、あらら、仕切り板の下から男湯が見えてしまう。仕切り板は浴槽のへりより少し上までしかない。手足を伸ばせば、男湯側へ隔てるものなくはみ出てしまう。逆もまた可能なわけで。加えて江戸時代は、浴槽の湯は結構濁っていた。底なんて土でざらざらだったといいます。湯の中もよく見えない。故意か過失か男の手がさわり、おばさんにどやしつけられたり、良家の娘が入る際にはお付きの女がしっかり張りついてガードしたりしていたそうです。

ただし見られる心配はあまりなかったかも。湯気で視界がかすんでいるし、小さな灯りひとつでとっても暗い。だからこそ、どさくさにまぎれてのお触りを、女性は警戒したのでしょうけれど。

半田東湯は二階が座敷の休憩所になっており、そこへ上がる階段は男湯の方にだけついている。これも江戸時代の造りの名残だとのこと。

「なんで男にだけそんなおまけの施設が？　不公平」

と思ったが、これには深い意味合いがあり、休憩所には女湯を覗ける穴を設けてあったり、湯女《ゆな》という風俗嬢がいたり。男ならではのサービスが提供されていたそうです。半田東湯がそうであったかどうかは、わかりません。

この湯女、いっときは吉原を脅かすほどの隆盛を誇り、吉原の花魁《おいらん》の向こうを張る、スター湯女もいたそうです。これも混浴同様、たびたび禁止されました。

ああ、語り出すと止まらない。まこと銭湯はワンダーランド。でもここではお風呂本来の機能の話に戻りましょう。

江戸時代の銭湯では、なんと、洗髪は男女とも禁止でした。湯屋の側にすると、洗髪を可とすれば、水をたくさん使われてしまう。髪から落ちた油だのシャンプー代わりのうどん粉だの火山灰だのので、洗い場はたいへんなことに。禁止となるのもうなずける。

しかし、油と埃まみれの髷が湯気に蒸されたら、ますます頭が痒くなりそう。ああだから昔の女は、簪《かんざし》でしばしば掻き掻きしていたのか。

ヘアケアは自宅の盥で。湯屋ではもっぱらスキンケア。糠袋でこすりました。糠にはほどよい油やビタミン、ミネラルがたっぷり。皮脂を落としすぎず、つや肌を作ったことでしょう。配水管が詰まるおそれさえなければ、私もしたい。

糠は湯屋に備えつけてありました。袋は持参。なぜか赤の布の袋と決まっていて、その色から紅葉袋と呼ばれていた。

美白洗顔にはうぐいすの糞。たんぱく質や脂質を分解する酵素を含み、もともとは着物の染み抜きに使っていたそうです。仕上げはしっとり、糸瓜水《へちま》で潤い補給。

あっ、男湯の方では別のヘアケアをしていました。毛切り石というものが備え付けてあり、陰毛処理をしたそうです。男は尻端折《しりばしょ》りをすることが多く、そのとき褌《ふんどし》からはみ出ないよう、いわば身だしなみとして。二つの石で毛を挟んですり切る。男は男で気をつかっていたのです。

お風呂関連でいえば夏場は行水《ぎょうずい》もよくしていた。家々の立て込んでいる江戸では、人目を完全に避けるのは難しいし、また、頑張って囲いなどをしていると、「なんだね、仰々しい」とお姑さんから咎められたという川柳。ある程度は見られても構わないと、開き直った方がいいようで。

幕末維新に江戸を訪れた外国人の旅行記には、外で行水していた女性が裸のまま笑いかけてきたので、目のやり場に困ったとあります。裸に関してはおおらかだった、というか、おおらかでないと人口密集地江戸では生きていけないのでした。

九 たまの息抜き

いい役者団扇《うちわ》にしてもあおがれる

外で働き家事もし、たまには息抜きもしなければ。

江戸の人が夢中な三大娯楽は、歌舞伎、吉原、相撲です。吉原は男性の遊ぶところ、相撲はこの時代女性が観ることはできないのだと！ すると残るは歌舞伎見物。

幕府公認の芝居小屋はもともと四つ、ひとつ潰され、のち三つ。江戸三座と称されます。中村座、市村座、森田座。それぞれ日本橋堺町、日本橋葺屋町、木挽町にありました。

芝居町は一日に千両散財されるといい、吉原と並ぶ「二大悪所」。奢侈と風紀の乱れを取り締まる天保の改革で、町から行くには少々辺鄙な、浅草猿若町に集団移転させられました。

このときの締め付けはとても厳しく、七代目市川團十郎（当時海老蔵）など気の毒に江戸追放処分となっています。でも喉元過ぎればすぐ緩むのが締め付けの常。八代目の團十郎がとっても色っぽかったせいもあり、賑わいはすぐ戻りました。

女性が芝居小屋で遊ぶとき、もっとも豪華なコースは次のものです。前日のうちから髪を結い、着る物も用意しておく。なぜって朝早いのです。公演を告げる一番太鼓の鳴るのは、夜八つ、なんと午前二時頃。ちなみに相撲の一番太鼓は夜七つで、これまた日の出前。安眠妨害の苦情がよく出なかったものです。

芝居の公演開始は明六つ。空がしらみはじめるのと同時です。間に合うにはまだ暗いうち、提灯をさげて出ないと。行きにくい猿若町への移転が、いかに嫌がらせになったかは、この時間に歩いてみるとよくわかる。

贅沢を極めて今日は駕籠《かご》に乗ります。

着いた先でもゴージャス組は、入り口からして違う。お茶屋さんを通すのです。一般ピープルはお茶屋さんを通さず、木戸から直に。

　私はお茶屋さんに案内されて、緋毛氈《ひもうせん》をかけた桟敷《さじき》に座る。あら、お隣はさる大店のご主人、するとお連れは奥様かしら。お召し物がさすがお高そう。このクラスの席につくのは「お屋敷」といわれた大名の留守居役、その出入りの大商人または招待客、宿下りの奥女中などだそうです。

　セレブのかたがたをガン見していると、お酒とちょっとした肴が運ばれてくる。朝からお酒なんて、それだけでも舞い上がりそう。

　お酒で口を湿していると二番太鼓の音が響き、私の胸もいよいよ高鳴る。錦絵をしゃぶりつくすほど眺めていたあの役者さんが、生で見られるのですもの。芝居小屋は朝から満員、眼下の土間もすべて埋まっている。ずいぶんきゅうくつそうだけど、土間の席だって中等なのよ。お菓子、弁当、鮨が出る。大向こうは、まさしくすし詰め。長屋の誰さんはあそこで見物したことがあるって言うけど、役者さんの声がよくは通らないでしょうねえ。いちばんお安いそうだけど、混雑がひどくて掏《す》りや痴漢がいるって聞いたわ。おお、こわ。あっ、いよいよはじまるわ。

吉例の「三番叟《さんばそう》」からはじまって午前の部は時代物、お昼に幕の内弁当や肴が供されて、世話物が演じられる午後には鮨や水菓子と、至れり尽くせり。でもかんじんのお芝居の方は、ちょっと欲求不満かも。役者さんの顔が、暗くてよく見えない。なんたって電気がない。明かりといえば天井近い窓からの自然光だけ。公演が昼間だけのわけもわかる。ろうそくの灯りで公演をして、この混雑の中、火事にでもなった日には……おお、こわ。

暮六つ半(五時頃)で閉演。開演からすでに十一時間経過している。座り続けて膝が痛い。観劇も体力勝負だわ。

お駕籠に乗って、早くうちへ帰って足をのばしたいところだけれど、ゴージャス組の観劇コースはまだまだ続く。芝居がはねたら茶屋の二階座敷にて酒宴が待っている。この酒宴に贔屓《ひいき》の役者さんを呼ぶことができるだなんて。

思えばもとは四つだった幕府公認の芝居小屋のひとつが取り潰されたのは、役者さんと大奥の女中さんの醜聞のせいなのでした。絵島生島《えじまいくしま》事件といいます。はじめ聞いたときは、

「そんなことがなぜ可能？　錦絵などでみんなに顔を知られている役者さん。お近づきになる機会がどこにある？」

と不思議でした。でもここにあったのです。ああ、舞台を遠く眺めるほかなかったあのかたの顔がこんなに近く。満場の視線を集めていたあの顔が、今は私だけに向けられて。朝から飲み続けてきたお酒の酔いが回って。どうしよう、ゴシップ本に書かれでもしたら貸本屋経由で、江戸のみんなに知られてしまう……。

「このろくでなし、いったいどこですってきちまったんだよっ」「るせえ、てめえで稼いだ金だ、文句あっか」。はでな夫婦喧嘩の声に起こされる。板壁にものがぶつかる音。そう、醒めればいつもの長屋。桟敷席での観劇なんて、夢のまた夢なのでした。

席にはいろいろなクラスがあって、いちばん上といちばん下とは料金に二十倍以上の開きがある。お値段は公演が当たるかどうかに左右される。入りが悪いと日々下がっていき、逆だと日々上がっていく。役者さんもプレッシャーでしょう。

「それでも、ざっくりいくらくらい？」と知りたくなる。これに限らず江戸時代のものの料金が今のお金でいくらかは、同じ江戸でも通貨が何とおりも流通していたり、二百六十年もの間には物価がかなり変動したりで、たいへん難しいそうです。めやすとして田中優子さんが計算してくれているのによれば、江戸三座の桟敷席が約七万七千七百六十円。ひとりあたりではなく、ひと桟敷を借りるお金です。いちばん安い席なら千八百円くらい。ちなみに髪結いは女性で九百円から千八百円。銭湯は百六十二円ほど。大工の日当は九千七百二十円。大工は収入のいい方の仕事で、さまざまな雇い人たちの日当はその半分くらい。長屋の家賃は、長屋にしては広めの四畳半二間で、約二万円。(『江戸っ子はなぜ宵越しの銭を持たないのか?』小学館新書)。

家賃の安さが、今の東京と大きく違う。子だくさんでなかったら、頑張って月に二十何日も働けば、娯楽に回せる可処分所得はありそう。

芝居をもっと安く楽しむ方法もありました。寺社の境内や空き地に仮小屋を建てて公演される。江戸三座を大芝居というのに対し、こちらは小芝居。庶民が歌舞伎にふれる機会はいろいろ。名せりふ集や、名場面を絵にした本も出ています。

初午の地口行灯を見たときに、歌舞伎のセリフや登場人物をパロディにしたのが多くて、

「これを見て笑えるには、もとの歌舞伎を知っていないといけないな」

と思いましたが、長屋のみんなも楽しんでいるのだから、いかに歌舞伎がポピュラーだったかわかります。落語にもたくさん出てきます。

二大悪所とされながらも、歌舞伎と吉原は流行の発信地。着物の柄、帯の結び方、髪型、頭巾。役者の名や紋所を冠した化粧品、小間物が売られ、役者さん自らが開いた白粉の店も。今でいうタレントショップや「××さんプロデュース」「××さんご愛用」という感じ。

役者絵はブロマイド兼ファッションカタログ。女性なら女形の絵からおしゃれを盗むことができます。美人画に描かれる花魁も、最新ファッションを教えてくれる。かの天保の改革では、役者絵も遊女を題材とした絵も禁じられましたが、庶民の好きな気持ちは止められず、絵師さんも、古典に題材をとった絵にして顔は役者さんそっくりだったり、コスチュームは遊女で顔だけ雀にしてみたりと、あの手この手でカモフラージュし、締め付けに対抗しています。

錦絵の値段は、かけ蕎麦一杯と同じくらい。地方の人は江戸土産にたくさん買って帰ります。私もたまに買ってきて、寝る前夜着にくるまってうっとりと愛でるのでした。

刷り物でいえば本も、江戸の人は好き。こちらは錦絵と違って高いので、自分では買わずもっぱら貸本屋で借りてきます。一説によると文化年間の江戸に貸本屋は六百五十六軒あったそうです。同じ頃江戸に湯屋は六百軒ほどというから、風呂好きの江戸で、それと同じくらいの数の貸本屋があったことになる。いかにポピュラーか、そして識字率がいかに高いか、です。

読本は、現代にも知られているところでは滝沢馬琴『南総里見八犬伝』とか上田秋成『雨月物語』とか。文章はたくさんで挿し絵は少し。和漢混交体の文章がえんえん続き、どちらかというと教養人向けの娯楽小説です。

庶民に親しまれているのは、草双紙。こちらは挿し絵の占める面積が文章より多いくらい。錦絵の画工と同じ人が描いていたりするので、なじみがあります。文章は、手習いに行ったことのある人なら読めるものです。柳亭種彦作、歌川国貞画の『偐紫《にせむらさき》田舎源氏《いなかげんじ》』は『源氏物語』をもとにしたもので、女性にも大受け。さきに述べたとおり通算四十万部刷られ、貸本屋を通じて多くの人に読まれましたが、これも天保の改革で発禁になり、作者は気の毒に発禁後間もなく死んでしまいました。自殺だと噂されています。

町中の娯楽といえば、見世物や大道芸はよく出ています。両国橋のたもとや浅草寺の境内など。この前は駱駝《らくだ》が来ていたと聞きました。象、虎、孔雀、駝鳥なども。人混みの中いったいどうやって連れてくるんだか。

動物園、サーカス、珍芸大会がいっしょくたになった感じです。猿回し。猫と鼠の芸。どうやって調教するんだか。曲独楽、居合い抜き、綱渡り、竿登り、籠抜け。直径一尺、長さ四間ほどの筒状の籠の中へ身を躍らせ、いっきに飛び抜けるそうです。信じられない。大阪から来た軽業師で、針金で吊ってあるのがばれ、すごすご帰った人もいるとか。

籠抜けは私も少々興味があって、出かけました。その日はいなくて、いたのは例えば放屁男。音程も自在に屁を放ち、曲を奏でるもの。三大女というのは、太った三姉妹が肌脱ぎで並んでいるだけですが妙に受け、大当たりとのこと。ものによっては悪趣味に過ぎたり、「人権に照らし合わせてどうよ?」とかえって不快になってしまったり、正直、笑えなかったです。

現代の感覚を持ち込んではいけないけれど、江戸を美化しがちな私には、よき社会勉強になりました。

季節の花を愛でにいく行楽には、女性は結構出かけています。行楽の風景を描いた浮世絵にも、女性の姿はとても多い。

人口密集地に住んでいると、広々したところに行くのはそれだけで開放感。ちょっとした転地療養効果もありそうです。長屋には鉢で植物を育てている人もいるけれど、不精者の私は枯らしてしまいそう。

井戸端や湯屋、髪結いさんでのおしゃべり、ごろ寝しながらの読書、たまの行楽、お金にちょっと余裕のあるときは錦絵を手本におしゃれしてみるあたりが、私には身の丈に合った息抜きです。

十　そろそろおやすみ

跡《あと》月《つき》をやらねば路地もたたかれず

湯屋から帰って、ほっとひと息。江戸の銭湯は今と違って終わりが早い。夜五つ（八時頃）には閉まるので、どんな宵っ張りでもそれより風呂が遅くなることはありません。

帰ったら灯りをつけないと。ろうそくは贅沢品。ろうそくの溶けて流れたぶんを買い取る商売もあったくらい。あれをふんだんに点しているのは吉原だけです。

ふつうは行灯。お皿に油を入れて、太い糸のような灯心を浸し、灯心の先に火をつける。燐寸《マッチ》はないので、火打ち石でもってつけ木にまずつけ、それを灯心に移します。

お皿は二枚重ね。こぼれた油を下の皿で受け、一滴たりとも無駄にしない。

障子紙を貼った枠で囲うのは、風よけと、光を白くし広げるため。広げるといっても、電気に比べたらとても暗い。石川英輔さんが測定したところでは、六十ワットの電球の五十分の一から百分の一。現代の人が常夜灯として使う豆球が三ワットとか五ワット（ＬＥＤだと数字はもっと小さくなる）だから、四畳半全体を照らすのには無理があります。江戸の人はよくこれで、本を読んだり針仕事したりするものです。明るくしたい場合には、灯心の数を増やして調光する。

囲ってある紙は汚れると暗くなるので、割合まめに貼り替えます。家にいながらたいていの用が足りる江戸の町。長屋まで貼り替え屋さんが来るし、灯心も油も売りに来ます。

油は菜種湯がよいのだけど、コスト高。安いのは魚油で、鯨油、鰊《にしん》油。江戸に近い房総でとれる鰯の油を使う人が、長屋では多いです。化け猫が油を舐めにくるという話もうなずける。

しかし鰯は……現代の私は好物でよく焼くけれど、鰯の油の匂いは強烈です。換気扇を回しても、台所、へたすると家じゅう充満し、髪にしみついてしまうので、出かける前などシャワーキャップをかぶって焼くほど。それをじかに燃やすとは。

髪を結う油は胡麻油で、そこに鰯油の匂いが加わり、洗髪がひと月にいっぺんだと、長屋の女性はすごい匂いの塊を頭に載っけて暮らしていたことになります。時代劇で長屋にはそこそこなじんでいるつもりでしたが、匂いはテレビに映らない。

灯油代がかさむので、急ぎの針仕事でもない限り、夜は早く寝ます。

部屋のすみにある屏風の後ろから、夜具を引っ張り出してくる。掛け布団は現代と違う形。四角ではなく袖と襟の付いた着物の形をしているもので、布団ではなく夜着と呼びます。

敷き布団は、使うとしても薄べったい煎餅布団。布団はとっても高価なものなので、私は自分で買わないで損料屋から借りています。この損料屋というレンタルショップ、着物の話で出ましたが、家財、日用品、ほんとうにたくさんあって、褌を借りる男性もいるくらい。私も蚊帳《かや》は夏の間そこから借りて、要らなくなったら戻しました。置き場ないし、わざわざ買うのももったいない。火事の多い江戸に住んでいると、なんかこう所有欲は希薄になります。

朝にちらと書いたように、寝間着というものはなく、昼間からつけている肌着になって夜着をかぶります。同じ長屋で、地方から出てきて間もない棒手振りさんは、夜着をまだ持っていないので、代わりに脱いだ着物を体に巻きつけて寝ていると言っていました。これがほんとの「寝巻き」。布団も借りていなくて、風呂敷の上に寝ているそうです。そういえば、風呂敷の上に布団を敷くと、いざ火事というとき、道具類をそこへ投げ込みひっからげて担いで逃げればいいから便利と聞きました。私もそうして寝ようかな。

枕は私、自分でこしらえました。古い布を長方形の袋型に縫って、お茶殻を詰めたもの。髪を結っている関係から、現代の枕より高さを持たせてある。括《くく》り枕といい、長屋のおかみさん連中に作り方を教わりました。枕の中味には、そば殻もよく使われます。小豆は頭を冷やしてよいそうなので、夏にはぜひ作りたいです。ヘアスタイルに凝っているおかみさんは、箱枕にしたと言っていました。

夜四つ（十時頃）。町の木戸も長屋の木戸も閉まる。町木戸は、町で雇っている番太郎という係が、長屋の木戸は大家さんが閉めます。それを過ぎると、大家さんの家の戸を叩いて起こして開けてもらわないといけないので、家賃を滞納している人はばつが悪い。長屋の住人が月替わりの当番で開け閉めしているところもある。「門限」のあることを不便とこぼす人もいるけど、私は安心。夜遅くは開かないオートロックのマンションに住んでいるようで、そこれそ枕を高くして眠れるのです。

十一 病のときは

疱瘡《いも》除けにせよと持参の黄八丈

慣れてしまえばそれなりに快適な長屋暮らし。心配はやはり病気をしたときです。白米を常食する江戸では、脚気が多いと書きました。他に長屋の人がよく悩まされているのは、皮膚病、眼病、食中毒、寄生虫。

衛生事情や、下肥で育てた野菜を食べていることを思うと、うなずけます。下肥もちゃんと発酵すれば回虫の卵は死ぬのですが、どうしても不完全になり野菜に卵がついてしまうのです。

「癪《しゃく》」や「疝気《せんき》」という、聞いただけでは何をさすやらよくわからないものも。「癪」

は胸や腹にさしこむような痛みで女性に多く、「疝気」は下腹部や睾丸の痛みだといいます。胃けいれんから盲腸、腹膜炎、ひょっとすると心筋梗塞の痛みまでいっしょくたになっていたかもしれません。現代の医療は臓器別という批判もありますが、原因を特定できないのはやはりこわい。

病気になると、庶民はまず市販薬に頼りました。お医者さんにかかるのは高かったので。江戸の町に売られていた薬は、膏薬も含めると千五百種に及んだといいます。湯屋にも広告が貼ってあるくらいだし。

弥次さん喜多さんが旅行に持っていった「錦袋円《きんたいえん》」は江戸名物。万病に効くという丸薬で、江戸土産としてもよろこばれます。諸国の薬も行商により、江戸には多数出回っています。越中富山の「反魂丹《はんごんたん》」をはじめ、小田原の「ういろう」、木曽御岳の「お百草《ひゃくそう》」など、今に続いているものも。

お灸に使うもぐさも、町中で買えます。私も背中が痛いとき、長屋で隣のおかみさんに背中に載せてもらって温めたら、ずいぶん楽になりました。鍼になると知識と技術が要るので自分たちでは難しく、座頭さんに来てもらいます。

民間療法には民間療法のよさがありますが、盲腸のような現代日本ではまず死因にならない病気で命を落とす人もおおぜいいると思うと、私の気持ちは複雑です。そして流行り病になると、これはもう売薬でもお灸でも太刀打ちできない。また江戸は流行り病にしょっちゅう襲われているのです。

疱瘡《ほうそう》は連年流行。ほとんどの人が幼少期にかかったことがある。高熱を発してうわごとを言うので、悪い神がとりついたと、江戸の人は考えます。そこから、疱瘡神の嫌いなものを戸口に張って寄せつけまいとしたり、逆に丁重にお祀りしてお引き取りいただこうとするという、奇妙な接し方が生まれてくる。疱瘡神は赤い色と犬が苦手だそうで、長屋ではどの家でも、赤い御幣を吊したり犬の絵の護符を貼ったりして自衛しています。

疱瘡とは現代でいう天然痘。強い感染力を持ち、種痘と隔離がだいじと現代でこそわかっていますが、当時はそういう知識も技術もありませんから、皆で集まって疱瘡神様をお送りするといった逆効果のことをしていました。そうでなくても長屋は人口密集地、隔離とはほど遠い状況です。

運よく疱瘡で死なずにすんでも、あばたが残ったり失明したりする危険があります。江戸では目の見えない人が、現代よりずっと多いのかもしれません。

「疱瘡は器量定め、はしかは命定め」といわれ、はしかは疱瘡よりもっと致死率が高い。あばた云々の話ではすまない。文久二（一八六二）年の流行では、江戸だけで二十七万に迫る死者が出たといいます。四人に一人！　明日は私か、今日こそ来るかと、生きた心地がしないでしょう。長屋の誰かがかかった日には、万事休すと天を仰ぐしかない。はしかは、数十年に一度、周期的にやって来て江戸に猛威をふるいます。

インフルエンザもまた命にかかわる病気。享保元（一七一六）年の江戸では、わずかひと月で八万人以上が亡くなりました。抗生物質がないので、どうにもならない。

天明四（一七八四）年にはインフルエンザとチフスで十万人以上、安政五（一八五八）年のコレラでは二十四万人近く……書いているうち気が滅入る。こうしょっちゅう流行り病があって、しかもそのたびたくさんの人が亡くなると生きているのが不思議な気がしてくる。長屋では今日も、亭主がせっかくの稼ぎを飲んできちまったとか博打ですっちまったとかで夫婦喧嘩がくり広げられているけど、そういう刹那的な性向を批判できない気がしてしまい、立場上おかみさんの肩を持たなきゃなんないない私もトーンダウン。いつ死ぬかわからないなら蓄えたって仕方ない。「宵越しの銭は持たない」ってやつですね。火事のところでも書きましたが、改めて思う。

子どもが家でも社会でもやたらかわいがられるのがわかる。よくぞ疫病神さまに命を持っていかれずに育っているというありがたさと感慨と。

疱瘡、はしか、水疱瘡はいちどかかると免疫ができるので、この三つを「お役三病」といい、なんとか無事に終えることが、庶民の願いとされています。

ちなみに江戸で起きた安政地震は、死者一万人といわれている。疫病の死者は桁違い。江戸史上最悪の火事とされる明暦の大火が死者十一万人。江戸では自然災害よりも火事と流行り病の方で、多くの人が亡くなっている。人口密集地ならではのこわさでしょうか。

ああ、江戸時代ってロハスでストレスが少なくて、公害はないし、庶民には移動手段が基本足しかないからよく歩くし、日の出とともに起き日の入りとともに寝る生活リズムだし、魚は天然、野菜は有機、カロリーも油脂も控えめでメタボリックシンドロームには間違ってもならない食事で、「健康的」というイメージを持っていたけれど、現実を突きつけられる思い。死といつも隣り合わせ、とまではいかなくても、現代よりずっと死がそばにあった。

お医者さんに行けばもしかして助かるのでは……というのは現代人の発想。江戸時代の医者には、なんと免許も資格試験もなかったのです。看板を上げれば誰でもなれる。身分を超えて世に出る道のひとつだったので、志願者は多かった。江戸では人口の四、五百人にひとりは医者だったといいます。上は幕府の御典医から、下は藪まで。歴史で習った江戸時代の医学は、本草学の発達とあいまって漢方が日本独自の発達を遂げ、出島経由で蘭方も入ってきて、華岡青洲《はなおかせいしゅう》が日本初の麻酔を使った外科手術に成功した……と躍進した印象だけど、庶民は必ずしも充分には恩恵を受けていないかも。希望の星は公共病院、小石川養生所ですが、幕末には医師の定員が減らされ衰退していました。

こういう状況では、果たして江戸の人って何歳くらいまで生きたのか。これについては東京各所の墓地から出土した人骨をもとに研究されています。

推定で二十歳ちょっと。乳幼児のうち死ぬ子を除いても、同じく推定で、男性四十五歳くらい、女性四十歳くらいと考えていいみたい。女性は出産で死ぬ人が今より多かったから、男性より若くなります。

厳しい数字。九十歳の親がいて、自分もすでに五十代である私は、介護とか老後とかは江戸の人ってどうしていたのと思うこともありましたが、老後をめでたく迎えられる方がレアなケースだったかも。

にしては「ご隠居さん」というキャラが落語にはよく出てきます。武士は別として町人は、息子に家業を継がせると隠居さんになりました。相続させる財産の中から一〜三割程度の隠居料を、契約により確保したといいます。それには、いわば原資となる財産がないといけないわけで。蓄えをしないで、ぱあっと使ってしまってきた人の場合は、生涯働き続ける他ありません。

長屋に多い職人さん、棒手振り、何かの師匠は、基本フリーランス。現代の私と同じ。体がもとでという言葉を、より深くかみしめるのでした。

おわりに

この本の生まれたきっかけは、前作『東京花散歩』（亜紀書房）で花の名所を訪ねたこと。「はじめに」に書いたことの繰り返しになりますが、江戸時代の行楽案内『江戸名所花暦』をガイドブックとしました。

春にはじまる目次を見ていくと秋には「月」「虫」、冬には「枯野」「雪」なんていう、花では全然ないものも。虫や月ならまだわかる。風流そうだし、季節もまあまあいい頃だし。しかし枯野や雪まで、花と同等に「見がい」のあるものと挙げているとは。

雪の項では、愛宕山からはるかを望めばどうこうとか、隅田川の堤ではどのへんに佇んで左右を振り返るのがいいなどと、懇切丁寧に絶景ポイントを示している。挿し絵には隅田川をゆく舟の上で、寒そうに背中をまるめながら辺りを眺める人々が。周囲は行き交う舟もまばらで、都鳥が波間を漂うばかり。閑散とした、もっと言えばうら寂れた風景を、なんでわざわざ鼻水も氷るような思いまでして……。

私のような根性なしと違って、江戸の人は楽しむことに貪欲だったのかも。花以外のどんなものをどこへ訪ねているのか。それをたどるには年中行事だと思い、早速資料を買い込みました。

読みはじめてみての印象は「これは、たいへんなことに手をつけてしまったのかも」。後悔……まではいかないが、自分の手にはとうてい余るという空恐ろしさ。何たって数が多い。毎日のように、否、同時多発的にどこかで何らかの行事がある。いくら遊び好きな江戸の人でも全部行っていたら身が持たないはず。月々で季節季節で、どれが主要な行事なのかをつかまないと。

追体験が主眼だから、現在も残っている行事を探すことにしました。ところがこれまた難題だった。現在まで続いているものが少ない。ニュースでは「江戸情緒を今に伝える」という枕詞で報じられる入谷の朝顔市も、江戸っ子らしい威勢のいいかけ声で知られる浅草の三社祭も、今のかたちになったのは明治以降。江戸東京の移り変わりの激しさを、花の名所を訪ねたときと同様に感じることになりました。

もっとも江戸時代の中でも一定ではなかったようです。四百年もあったのだし、本文でも述べたように江戸という町そのものがスクラップ・アンド・ビルドを繰り返してきたのだし。主要な行事が何かはわかりにくかったが、行事を貫く主要なテーマはしだいにつかめてきた気がします。除災。ひとことで言えばこれに尽きる。御守りふうに書くならば家内安全、次いで商売繁盛でしょうか。それは江戸の町の都市という性格と切り離せません。

住む人々は、一次産業の従事者ではなく商、工、官吏。人口の密集する都市でもありました。

そこでは例えば豊作祈願、収穫祝いといったテーマは後退し、都市生活をいかにつつがなく送るかがだいじになります。そして江戸の都市生活にとってのいちばんの驚異は疫病と火事でした。高温多湿の梅雨から夏に向けて疫病の危険は増して、乾燥し火を使うことも多くなる冬に向けて火事の危険は増していく。この二つの危険が、季節によって度合いを上げ下げしながらも基本的には一年を通してそばにあるという感覚を、人々は持っていたでしょう。目次だけ見れば多数の羅列に思えてしまう行事にも、二つの危険が高さを入れ替えながらも続いていくリズムのようなものが、その底を貫いていたものと想像します。

あっちこっちの寺社にお詣り。暮らしの中もまじないだらけ。長屋に足を踏み入れれば狼の護符、火除けのお札、疱瘡除けの赤い飾り物などところ狭しと張ってある。江戸の人ってなんて信心深いのかと驚き、現世の御利益ばかり期待するのでいいのかと、正直少々呆れもしました。でも彼らがさらされていた危険を思うと、その印象は訂正しないと。今だったら考えられないようなことで命を落としてしまう。鰯の頭も信心から、という諺のもとである節分の飾り。臭いのすごい鰯の頭と、触れると痛い柊の葉を門口に取り付けた。災厄をなんとかして家に入れまいとする、涙ぐましい努力を感じる。逆に言うとそれくらいしかできることがないくらい、危険に対抗する有効な手段を持っていなかったのです。

行事や行事の準備に費やす時間もお金もエネルギーも、最初はついていけなかった。たしかに正月は目出度いけれど、ひと月近くもかけて支度しなくても。祭の山車が江戸城まで入れるのはたしかに名誉なことだけど、何も贅沢禁止令の網の目をかいくぐってまで散財しなくても、と。

でも、江戸人になったつもりの一年間を過ごした後は少しはわかる。「今年もまたあの季節を迎えることができた」という安堵と喜びは、今よりはるかに大きかった。この一年疱瘡にかからなくてすんだ、火事で焼け出されずにすんだ、あるいは疱瘡にかかったけれど焼け出されたけれど、命は落とさずにすんだ。人間がたぶんに運に左右される存在であることを、彼らは強く感じていたのだと思います。

枯野ゆく人はちひさく見ゆるかな　千代尼

『江戸名所花暦』の枯野の絵に添えられた句。枯野を愛でる人々の胸にわく興趣のうちには、この句に示されたような感慨も混じっていたのでしょうか。

一九七〇年代に中学高校生活を送った私にとって江戸時代のイメージはなんとなく暗いものでした。封建社会が強固としてあって、それは農民の労苦に支えられ、凶作と年貢の取り立てに耐えられなくなった農民の直訴状を、副読本で読んだのを覚えています。

八〇年代中頃くらいからの江戸ブームでは、江戸のもっと明るい面に光が当てられるようになりました。

それらは江戸そのものより私たちの生きる時代のトレンドを反映しているのでしょう。前者は当時まだ根強かった階級闘争史観、後者は脱産業化論。脱産業化は、ひらたく言えば生産より消費に経済活動の中心が移り、余暇とか遊びといったものの価値が全面に出てくることを述べたもの。近年では循環型社会の文脈でも、江戸時代が再評価されています。

一面のみでとらえることはできない。本文でも書いたように、人の生きる社会だからいい面とそうでない面が必ずある。そして何より戻ろうとしても戻れない世。流れ続ける歴史の中である一時期、国際情勢を含めての複合的な状況の上に成り立っていた。今の私にとって好ましい面があるとしても、江戸時代の再来を願うことはできないし、妥当でもない。

硬いことを書いてしまいました。そうした認識を前提にしての散策でしたが、それでもなお、いや、それゆえにと言うべきか、一日あるいは半日を想像の中の江戸で過ごすのはとても楽しいものでした。

お付き合い下さり、ありがとうございます。

岸本葉子

◉本書で訪れた主な施設

・一‐四【向島百花園】墨田区東向島三丁目／東武スカイツリーライン「東向島駅」下車徒歩約八分、京成電鉄押上線「京成曳舟駅」下車徒歩約十三分、都営バスなら、亀戸‐日暮里（里22）「百花園前」下車徒歩約三分

・一‐五と一‐七【深川江戸資料館】江東区白河一ノ三ノ二八／都営大江戸線・東京メトロ半蔵門線「清澄白河駅」下車徒歩三分

・一‐五【消防博物館】新宿区四谷三ノ一〇／東京メトロ丸ノ内線「四谷三丁目駅」二番出口直結

・一‐九【唐澤博物館】練馬区豊玉北三ノ五ノ五／西武池袋線「桜台駅」下車徒歩十二分、都営大江戸線「新江古田駅」下車徒歩十二分、東京メトロ有楽町線「新桜台駅」下車徒歩十五分。要予約（電話＝〇三・三九九一・三〇六五）

◉岸本葉子（きしもと・ようこ）＝一九六一年神奈川県生まれ。東京大学教養学部卒業。エッセイスト。なにげない日常を切り取った、柔らかく知的なエッセイは、多くの読者の共感を呼んでいる。著書は多数。『幸せは97％で』（中公文庫）、『「和」のある暮らししています』（角川文庫）、『俳句、はじめました』『俳句、はじめました　吟行修業の巻』（ＫＡＤＯＫＡＷＡ／角川学芸出版）、『東京花散歩』（亜紀書房）など。

◉江戸《えど》の人《ひと》になってみる ◉著者＝岸本葉子 ◉発行者＝株式会社晶文社
東京都千代田区神田神保町一ノ一一 電話＝〇三・三五一八・四九四〇（代表）・四九四二（編集） http://www.shobunsha.co.jp ◉印刷・製本＝ベクトル印刷株式会社 ◉ISBN978-4-7949-6852-4 Printed in Japan

二〇一四年七月一八日 初版

好評発売中

捨身なひと　小沢信男

花田清輝、中野重治、長谷川四郎、菅原克己、辻征夫―― 今なお、多くの人に読み継がれる作家・詩人たち。五人に共通するのは「捨身で立ち向かう」ということ。彼らと同じ時間を過ごした著者が、作品や日々の思い出を通し、時代の息づかいを伝える貴重な散文集。

七つの顔の漱石　出久根達郎

書き下ろし表題作をはじめ、漱石研究に一石を投じた名随筆「漱石夫妻の手紙」など、魅力いっぱいに「漱石愛」を語る。そのほか漱石の弟子・寺田寅彦や芥川龍之介、樋口一葉など多彩な顔ぶれの作家話も収録した珠玉のエッセイ集。

銀幕の恋――田中絹代と小津安二郎　大場建治

田中絹代と小津安二郎の間の「秘められた恋」？　小津のサイレント時代の作品、遺された日記、役名に籠められた意味などを手がかりに、昭和の伝説的映画女優・田中絹代のひたむきな「生」を、描き上げたノンフィクション・ノベル。

アジア全方位――papers 1990-2013　四方田犬彦

ジャカルタ・バンコク滞在時の日誌、パレスチナ人俳優・映画監督へのインタヴュー、逝ける文化人を偲ぶ追悼文、光州で行われた韓国併合百年をめぐる講演録、世界の郵便局訪問記……滞在と旅の折々に執筆された、アジアをめぐる思索と体験の記録。

WOMEN―ウィメン　ぼくが愛した女性たちの話　ロバート・ハリス

ベストセラー『エグザイルス』『人生の100のリスト』に次ぐ、6年振りの書き下ろしエッセイ。著者の豊富な経験から培われた恋愛論と過去の教訓を交えながら綴る女性賛歌。女性たちに対しての感謝とリスペクトを込めて贈る著者渾身の女性へのオマージュ

宮沢賢治の菜食思想　鶴田静

宮沢賢治は、生き物の悲しみへの直感からベジタリアンとなり、〈羅須地人協会〉という私塾を創設。青年たちが集まり、農業の勉強もした。文学者が構想した農と芸術の共同体＝イーハトーブ。いまなお新鮮な賢治の根源的思想と生き方をひもとく。

しあわせのねだん　角田光代

お金には無頓着。だけど、ほしいものはどうしてもほしい！　そんな直木賞作家が、お金にまつわるひたむきな思いと体験を綴った。お金は何をしてくれて、何をしてくれないのか。日々と物欲のくらしから垣間見た、幸福のかたち。